"十四五"高等教育规划教材会计精品系列

校企合作项目化教材 · 课程思政系列教材

审计综合模拟实训教程

田金玉◎编著

图书在版编目（CIP）数据

审计综合模拟实训教程 / 田金玉编著. -- 上海：立信会计出版社，2024. 11. -- ISBN 978-7-5429-7770-0

Ⅰ. F239.0

中国国家版本馆 CIP 数据核字第 20240DS882 号

策划编辑　　孙　勇
责任编辑　　张巧玲
助理编辑　　战小雨
美术编辑　　北京任燕飞工作室

审计综合模拟实训教程
SHENJI ZONGHE MONI SHIXUN JIAOCHENG

出版发行	立信会计出版社			
地　　址	上海市中山西路 2230 号	邮政编码	200235	
电　　话	(021)64411389	传　　真	(021)64411325	
网　　址	www.lixinaph.com	电子邮箱	lixinaph2019@126.com	
网上书店	http://lixin.jd.com	http://lxkjcbs.tmall.com		
经　　销	各地新华书店			
印　　刷	上海华业装璜印刷有限公司			
开　　本	787 毫米×1092 毫米　　1/16			
印　　张	9.75			
字　　数	168 千字			
版　　次	2024 年 11 月第 1 版			
印　　次	2024 年 11 月第 1 次			
书　　号	ISBN 978-7-5429-7770-0/F			
定　　价	39.00 元			

如有印订差错，请与本社联系调换

前　言

这是一个大变革的时代,也是一个崭新的、充满不确定性的时代。随着改革创新的实践和科教兴国战略的提出,经济领域正在飞速发展,注册会计师行业及审计环境也在发生变化。会计准则和审计准则与国际准则的持续趋同、职业道德守则的发布、内部控制审计指引的出台、事务所组织形式的创新、风险导向审计模式的进一步推广,反映了审计环境的改变和审计理论的发展。为了适应新环境下市场对审计专业人才的需求,我们根据多年从事审计教学、审计工作及指导学生实习等经验和体会,编写了本教材,尽可能实现审计理论与审计实践的有机结合,锻炼学生实际操作技能和综合分析能力,使其在较短的时间和有限的空间范围内掌握审计的基本程序、方法和技能。

本教材具有以下特点:

第一,适时性。本教材按照最新修订的《中国注册会计师审计准则》编写,整体框架充分体现风险导向审计模式,通过实训内容模块化,突出实践性和应用性,培养学生的技术操作能力和应用能力。

第二,仿真性。本教材创设仿真的审计执业氛围,通过模拟企业全仿真业务,介绍审计流程和操作步骤,打破长期以来理论与实践二元分离的局面,增强学生的感性认识,助其学做合一,实现理论与实践一体化教学。

第三,技能性。为适应教育部"财经应用型创新人才培养模式改革"的需要,本教材围绕教育改革,力求提升学生的专业实践能力,以审计技术应用能力培养为主线,培养学生的审计技能,指导学生正确应用审计技术,根据审计职业判断,出具适当审计报告。

第四,可操作性。本教材精心设计了九个实训项目,基于企业真实的业务资料和财务数据,整理出典型交易与事项,并精心设计了审计情形与参考数据。为了作业任务完成的规范化,本教材为广大师生提供电子版答题纸模板,模板可以通过邮箱pastwater11@163.com 联系获取。

第五,思政融入。为了将思政教育与审计专业知识传授相融合,本教材在审计实训最后环节增加了课程思政视域下的案例分析,从而锻炼学生的思辨能力和职业判断能力,培养学生的职业素养和社会责任意识。

本教材是通向审计实践的一个尝试,希望能为即将或正在从事审计工作的读者提供一些切实的帮助。

本教材可作为应用型院校的会计专业和其他相关专业"审计实务"课程的配套实训教材,亦可作为在职会计、审计人员提升专业水平和业务能力的参考读物。

本教材由田金玉老师编著。在编写过程中,编者参阅了有关的文献和资料,在此向这些文献的作者表示诚挚的谢意。另外,在本教材的编写过程中,华北电力大学经济管理学院的研究生李琳同学、路佳欣同学参与了案例资料的搜集、整理等工作,编者也向他们表示感谢!

尽管编者在探索教材的结构方面做了许多努力,但由于水平和经验有限,本教材难免有不妥之处,敬请读者批评和指正。

编　者

2024 年 11 月

目 录

第一单元 审计综合模拟实训概述 ··· 1
一、审计综合模拟实训的性质与任务 ··· 1
二、审计综合模拟实训的目的 ·· 1
三、审计综合模拟实训的要求 ·· 2
四、审计综合模拟实训的主要内容 ·· 2
五、审计综合模拟实训的组织 ·· 3
六、审计综合模拟实训流程 ··· 3
七、审计综合模拟实训的情景设定 ·· 3
八、审计综合模拟实训成绩评定方法和标准 ·· 6
九、审计综合模拟实训操作指引 ··· 7

第二单元 审计综合模拟实训项目 ··· 8
实训项目一 初步业务活动 ·· 8
实训项目二 计划审计工作 ··· 19
实训项目三 风险评估与应对 ·· 39
实训项目四 销售与收款循环审计 ·· 57
实训项目五 购货与付款循环审计 ·· 74
实训项目六 生产与存货循环审计 ·· 84
实训项目七 筹资与投资循环审计 ·· 97
实训项目八 货币资金审计 ·· 104
实训项目九 终结审计与审计报告 ·· 113
参考格式范例 ·· 135

第三单元 融合思政元素案例分析 ·· 142
一、思政元素 ··· 142

二、案例介绍与分析 …………………………………………………… 142
三、汇报形式 ………………………………………………………… 143
四、案例讲述基本要求 ………………………………………………… 143
五、案例资料 ………………………………………………………… 143

主要参考文献 ……………………………………………………………… 150

第一单元

审计综合模拟实训概述

一、审计综合模拟实训的性质与任务

"审计综合模拟实训"课程是会计专业和财务管理专业实践性教学中的一个重要环节,也是一门必修课程。本课程主要是为了配合审计学原理与审计实务课程开设的。本课程通过设计一套完整的模拟审计过程,使学生熟悉注册会计师审计的程序,掌握重要项目的审计内容和方法,从而领略注册会计师执业的精髓。本课程的主要任务是:借助实训资料完成财务报表主要审计工作训练,进一步提高学生分析问题和解决问题的综合能力,使学生掌握现代审计的技能,完成"知识+实践=技能"的整个学习过程,为其毕业后尽快适应实际工作打下良好的基础。

二、审计综合模拟实训的目的

审计学是一门集多学科理论、实务与操作于一体的学科。单一的审计理论教学模式存在着较大的局限,直接影响了教学效果。审计教育工作者经过不断探索、研究、实践与创新,将自然科学的仿真模拟等技术引入审计实践教学中,构建了较为完善的审计综合模拟实训系统。

开展审计综合模拟实训的目的是:

通过审计综合模拟实训,使学生充分理解审计在维护经济活动秩序、保障社会公众利益方面的重大作用,实现思政元素与课程专业知识的有机融合,激发学生强烈的社会责任感和使命感。

通过审计综合模拟实训,使学生了解注册会计师财务报表审计的整个流程,能够编制审计工作底稿,增强学生对审计流程的感性认识。

通过审计综合模拟实训,使学生在指导老师的启发下,按照现代风险导向审计理念,保持职业怀疑,能够识别、评估并应对重大错报风险,培养学生创造审计思维模式。

通过审计综合模拟实训,使学生系统掌握审计的基本技能,锻炼学生的审计实践能力,为其走向审计工作岗位奠定基础。

三、审计综合模拟实训的要求

审计模拟教学可以采取集中实训方式,也可以配合审计学课程同步实施。

(一) 总体要求

为了培养学生的审计思维方式与审计实践能力,审计实训教学的组织坚持以学生为主体的原则,使学生成为主角,独立思考、独立分析、独立判断、独立操作,能够运用所学的审计理论,根据所给的实训资料完成审计项目;教师介绍实训前的准备及审计总体思路,提示操作要点和项目的审计要点,控制实训节奏,考评学生的完成情况。

(二) 具体要求

1. 需要提交的资料

(1) 各小组将完成的审计工作底稿等实训资料装订成册,在规定的时间内以书面报告的形式打印提交。

(2) 学生每人根据自己完成的工作,撰写一份不少于 2 000 字的审计实训总结报告。记录的内容可以是实训过程中的所思所想、心得体会,也可以是实训中产生的疑惑、遇到的问题、解决的途径和方法等。

2. 需要汇报讲述的项目

各小组按要求选择或查找典型审计案例资料,并进行讨论,融入思政元素,形成审计故事,最后以 PPT 的形式进行汇报讲述。

四、审计综合模拟实训的主要内容

学生以注册会计师的身份,按照风险导向审计模式对企业年度财务报表进行审计。在这一过程中,学生需要模拟会计师事务所与被审计单位签订审计业务约定书,制订审计计划,单独或综合运用审计程序(包括检查、观察、询问、函证、重新计算、重新执行、分析程序等),收集审计证据,编制审计工作底稿,得出恰当的审计结论,形成审计意见,出具审计报告。为此,本教材设置以下审计项目。

(1) 实训项目一:初步业务活动。

(2) 实训项目二:计划审计工作。

(3) 实训项目三:风险评估与应对。

(4) 实训项目四:销售与收款循环审计。

(5) 实训项目五:购货与付款循环审计。

(6) 实训项目六:生产与存货循环审计。

(7) 实训项目七:筹资与投资循环审计。

(8) 实训项目八:货币资金审计。

(9) 实训项目九:终结审计与审计报告。

五、审计综合模拟实训的组织

实训环境:上课教室或审计手工实训室。

实训材料:见第二单元的审计综合模拟实训项目资料。

实训时间:2~3个周。

实训分组:学生的个体差异是客观存在的,教师可根据学生文化基础、爱好特长、性格、性别的不同,本着"条件均衡,优势互补"的原则,把学生分成若干个实训小组,每组6~8人为宜,由1人任组长。组长一般由学习成绩较好、乐于助人、组织能力较强的学生担任,负责做好本小组的协调、讨论、小结等工作,使学生团结友爱、互帮互助、共同进步,从而圆满地完成实训任务。完成审计实训项目后,组长应填写各人分工及工作量明细表,以便明确责任和考核评分。

实训操作:应配备专职或兼职实训教师,由其组织和指导实训全过程,先介绍实训的总体要求,下达实训任务,然后由学生按照小组以书面的形式自主编写、讨论、总结。当学生遇到问题时,教师应给予一定的指导。教师在实训完成后还应组织学生进行口头或书面的答辩,以了解学生对实训内容的熟悉和掌握程度。

六、审计综合模拟实训流程

审计综合模拟实训以实际审计工作过程为主线,突出审计测试能力的培养,以完成实际审计工作任务的逻辑顺序来组织实验内容,让学生在实训的过程中掌握操作方法和技能,将审计理论实践化,从而提高学生分析问题和解决问题的能力。审计综合模拟实训的整个流程如图1-1所示。

七、审计综合模拟实训的情景设定

(一) 审计主体设定

1. 基本情况

华夏诚信会计师事务所(普通合伙)创立于2011年9月8日,是由财政部门批准、经工商行政管理局登记注册的会计师事务所。该会计师事务所是提供审计、会

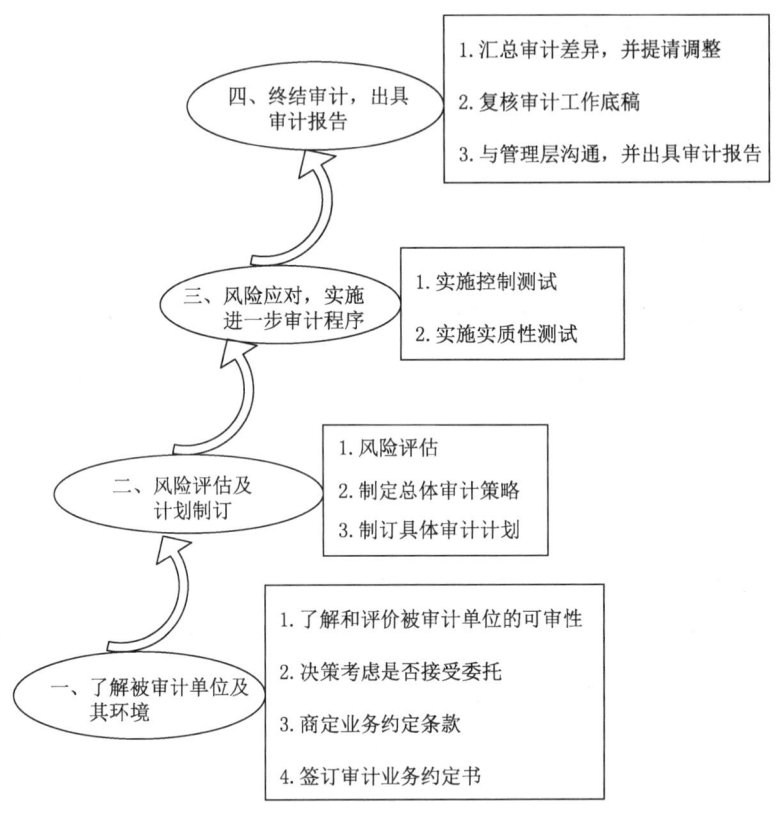

图1-1 审计综合模拟实训流程图

计、验资、税务、咨询服务的综合性会计师事务所,擅长外资企业、高新技术企业、房地产企业的税收筹划、上市咨询、税务咨询及代理服务等业务。该事务所现有注册会计师7名,专业咨询顾问等财税专业人员10名,具备财务、会计、审计、税务、管理咨询等方面的知识和经验。其长期合作客户多达200余家。地址:朝阳北路727号。邮编:071000。联系人:马胜利。

2. 业务简介

ABC股份有限公司(以下简称"ABC公司")的主营业务为生产、加工。该公司自2018年以来一直与华夏诚信会计师事务所合作。2023年8月27日,该事务所再次接受ABC公司的委托,由注册会计师张磊、李丽带队进行2023年度会计报表的年度审计业务。双方约定2024年3月8日至13日开展审计外勤工作,2024年3月18日之前出具审计报告,并签署了审计业务约定书。

(二)审计客体设定

1. 公司简介

ABC公司位于市高新区,始建于1982年,占地36.7亩,工厂建筑面积13 600平方米,是一家集研发设计、生产制造、销售服务为一体的国家级高新技术企业。

2. 员工情况

1) 高级管理人员

法人代表(董事长):李明。总经理:王大庆。总经理助理:李大春。财务主管:张静美。销售总监:江海峰。法律顾问:孟正阳。

2) 在职员工情况

2022年年末在职员工367人,2023年年末在职员工378人。其中,生产技术人员38人,行政人员20人,营销人员12人,财务人员5人,生产工人303人。研究生学历1人,本科生学历62人,大专学历236人,其他79人。

3. 内部控制状况

(1) 公司本着合理保证企业经营管理合法合规、资产安全、财务报告及相关信息真实完整,提高经营效率和效果,促进企业实现发展战略的目标,考虑了控制环境、风险评估、控制活动、信息与沟通及内部监督五个基本要素,建立了比较全面的内部控制体系。

(2) 公司设立审计部,由其对公司内部控制的设计与执行进行监督,定期对内部控制的有效运行进行评估。

(3) 公司建立了对高级管理人员的考评及激励机制。公司根据年度生产、销售、效益、绩效等指标完成情况,按照公司《员工绩效考核实施办法》对高级管理人员进行考评,建立了高级管理人员的薪酬与经营目标挂钩的激励机制。2023年公司激励方案规定,如果2023年度经营目标实现,高级管理人员可以获得净利润的10%作为奖励。

(4) 企业文化方面,公司以"诚信为本、节能减排、团队协作、持续增长"为经营理念,以"做全行业的榜样,收获金色的希望"为企业愿景。

(5) 公司根据业务流程,制定了相关的控制措施。

4. 企业注册资金

ABC公司的注册资金为人民币7 000万元。其中,李明出资4 000万元,占注册资本的57.14%;吴建军出资2 700万元,占注册资本的38.57%;刘二强出资300万元,占注册资本的4.29%。

5. 开户银行资料

ABC公司开户银行资料如表1-1所示。

表 1-1

ABC 公司开户银行资料

开户银行	账户性质	账号
中国工商银行高开区支行	基本账户	2201888612123878009
中国建设银行高开区支行	一般账户	4552200577791212789

6. 税务资料

（1）主管税务机关：国家税务总局高新区税务局。

（2）主要税种、计税依据及税率如表 1-2 所示。

表 1-2

ABC 公司主要税种、计税依据及税率

主要税种	计税依据	税率
增值税	销售产品、原材料销售收入	13%
企业所得税	应纳税所得额	15%
城市维护建设税	应缴纳流转税税额	7%
教育费附加	应缴纳流转税税额	3%
代扣代缴个人所得税	应纳薪酬所得额	7级超额累进税率

7. 工商登记资料

主管工商机关：高开区工商行政管理局。统一社会信用代码：9125101203568905。

（三）审计过程的情形设定

（1）2023 年 10 月 7 日，华夏诚信会计师事务所与 ABC 公司达成意向，对 ABC 公司 2024 年度的财务报表进行审计。

（2）2023 年 10 月 27 日，双方签订审计业务约定书。

（3）根据了解到的被审计单位的实际情况，并结合以前的审计报告，注册会计师运用职业判断评估重要性水平。

（4）整个过程不存在审计范围受限的情况。

（5）2024 年 3 月 15 日，注册会计师完成了审计工作，获取了充分、适当的审计证据，足以对已审的财务报表发表审计意见。

八、审计综合模拟实训成绩评定方法和标准

（一）评定方法

审计综合模拟实训教学是整个审计教学过程中的一个重要环节，应与课堂教学

一样,实行严格的考核制度。这对于充分调动学生学习的主动性和积极性,促使其按质、按量、按时完成教学计划所规定的实验任务,进一步提高实验效果,具有重要的作用。鉴于审计实训教学与一般课堂教学相比存在特殊性,本课程采用以下评定方法:

首先,教师根据每个小组提交的整体资料及讲述汇报的情况,给出小组成绩;其次,组长根据学生实训期间的工作态度和表现、实训任务完成程度及完成质量,给出本组学生的初评成绩;最后,教师对学生提交的实训总结报告和完成的审计工作底稿进行评阅,给出最终成绩。

(二) 评分参考标准

优秀:实训态度端正,组织纪律性强,无缺勤和违纪现象;工作积极主动、刻苦勤奋,按照要求很好地完成了实训内容;实际操作能力强,理论联系实际较好;实训总结报告全面系统。

良好:实训态度端正,组织纪律性强,无违纪现象;工作积极主动,较好地完成了大纲要求的实训内容;有一定实际操作能力,能理论联系实际;实训总结报告全面系统。

中等:实训态度基本端正,无违纪现象;完成了要求的实训内容;有一定实际操作能力,能理论联系实际;实训总结报告全面。

及格:实训态度基本端正,无违纪现象;基本完成了要求的实训内容;完成了实训总结报告。

不及格:存在违纪或违法行为;或者无故缺勤累计超过10天;或者因不负责任造成严重后果;或者不服从分配,不听从指挥;或者未完成实训总结报告。

九、审计综合模拟实训操作指引

对于初次进行模拟审计的实训者来说,如何入手可能是个难题。本教材在这里给大家提供一个快速入手的思路,仅供参考。

第一,阅读。每个小组及实训者在实训前先阅读目录,掌握本书的内容结构,再阅读第一单元审计综合模拟实训概述,从中了解实训要求及实训准备。

第二,准备。实训者在阅读并了解相关情况的基础上,进行分组,选出组长、副组长。组长根据每个组员的特点进行人员分工,对保证审计模拟实训质量的关键点进行事先控制。

第三,操作。实训者阅读书中所给的资料,结合学习中学到的内容,选择相应的审计工作底稿模板,按照审计流程,考虑审计的模拟情景,实施审计程序,编制审计工作底稿,进行职业判断,得出审计结论。

第二单元

审计综合模拟实训项目

实训项目一 初步业务活动

注册会计师审计是一个充满专业判断的智力过程,需要注册会计师综合其全部的知识、经验和技巧来完成。本课程设计无法穷尽所有的情况和所有的专业判断,仅是对审计知识和审计实务的汇总和操练。本课程的目的是使学生熟悉审计的整个程序,掌握重要项目的审计内容,从而领略注册会计师执业的精髓。

一、实训目的

学生通过审阅相关资料,对整个审计业务的承接有一个完整的印象,并可进行相关的实务操作;通过审计实训,学生能够了解签订审计业务约定书的程序,理解业务约定书中各要素的含义,掌握业务约定书格式与编写的具体要求,培养自身的沟通能力。

二、理论知识点

会计师事务所应当谨慎承接业务,这需要从以下四个方面进行控制:

一是会计师事务所应当委派有经验的注册会计师与客户洽谈业务,并由风险控制专家小组讨论是否承接业务,以避免注册会计师个人私自承接业务,同时有效地防止企业将经营风险转移给会计师事务所。

二是重视对客户及其项目的了解。对于大项目,会计师事务所应当专门委派注册会计师做前期的审慎调查,以确定是否承接业务,并为制订审计计划做准备;对于一般项目,注册会计师也应当广泛地收集相关资料和信息,初步了解客户的诚信程度及其审计风险。

三是关注客户的一些特殊事项,如更换会计师事务所、审计委托的特殊要求和客户及其管理层面临的压力等。

四是谨慎承接缺乏诚信或面临较大经营困难的客户的业务。

三、实训内容

通过本项目的学习，学生了解在审计业务承接过程中如何了解客户，通过对客户的信息进行综合分析，并对自身的风险承受能力进行自我评价，决定是否承接该业务。初步业务活动包括：

（1）与客户的业务委托人商谈，询问相关问题，了解客户业务特点。

（2）针对客户所在的行业和客户自身的情况进行审计风险分析，决定是否承接业务。

（3）评价审计人员自身的独立性。

（4）讨论审计的时间安排和审计收费与付款的方式。

（5）告知客户其会计责任及应协助的工作。

（6）签订审计业务约定书。

实训一 业务承接前评价

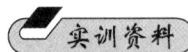

资料一 了解被审计单位基本情况

会计师事务所在与客户洽谈业务时，无论是否承接业务，都应当了解客户的基本情况，形成客户基本情况表，如表2-1所示。客户基本情况表不仅为承接业务提供依据，还可以用于会计师事务所建立客户档案、进行客户管理和业务发展。

表2-1

客户基本情况表

索引号：G09-1

客户名称：（中文）ABC 股份有限公司 （英文）ABC CO. LTD				法人代表：李明	
法定地址：高开区增光路8号				电话：010-62288769	
经济性质：	所属行业：		开业时间：2010年10月5日	邮编：100081	
经营范围：				经营期限：20年	
总资产额：39 049万元	净资产额：27 963万元		主营业务收入：13 788万元	税后利润：3 755万元	

(续表)

投资者名称	注册资本		实收资本	
	金额	出资比例	金额	占注册资本
李明	4 000 万元	57.14%	4 000 万元	57.14%
吴建军	2 700 万元	38.57%	2 700 万元	38.57%
刘二强	300 万元	4.29%	300 万元	4.29%
合计	7 000 万元	100%	7 000 万元	100%
批准机关及证书号码：市计划委员会(99)××号			营业执照号码：302344	
注册日期：2009年1月2日		主管工商机关：市工商行政管理局	主管税务机关：税务局第二税务所	
主要负责人	董事长：李明	总经理：王大庆	财务负责人：张静美	
办公地址：高开区增光路8号		休假日：星期六、星期日	联系人：江华	
备注：				

对于长年客户,审计人员不一定每次接受委托时都要形成基本情况表,但需要了解客户基本情况是否有变化,如果存在变化,应及时补充、更改相应内容,同时注意该变化对客户经营情况的影响及其对会计报表的影响。

在了解客户基本情况时,审计人员如果从广告性资料或报刊中能够获取有关客户的情况,可以把广告性资料或报刊的报道、评论复印好一起归档。

资料二　业务风险和控制风险环境调查问卷

会计师事务所如果有承接业务的基本意向,就要进一步对客户的业务风险和控制风险进行了解。审计人员通过调查问卷实施询问程序,形成审计工作底稿,业务风险和控制风险环境调查问卷如表2-2所示。在实际工作中,会计师事务所委派与客户洽谈业务的审计人员可以根据具体情况增加或减少一些需要了解的情况。

表2-2

业务风险和控制风险环境调查问卷

客户：		签名	日期	索引号	G09-2
项目：业务风险和控制风险环境调查问卷		编制人		页次	
会计期间：		复核人			
调查内容：			是	否	不适用
1. 关于约定审计业务					
1.1 管理当局是否在过去与注册会计师缺乏充分合作？				√	
1.2 管理当局是否对审计人员或签发审计报告的时间期限提出不合理要求？			√		
1.3 是否存在有意或无意限制审计人员与高层管理人员、董事会交流的情况？			√		

(续表)

		是	否	不适用
1.4	管理当局是否未能主动提供重大或非正常交易的相关信息？	✓		
1.5	此次审计是不是客户第一次接受审计？		✓	
1.6	更换会计师事务所的原因是否存在不正常或有争议的问题？	✓		
2.	关于经营活动		✓	
2.1	经营主体是否存在较长的经营周期？			✓
2.2	经营主体是否使用复杂或新型的金融工具？	✓		
2.3	经营主体是不是处在变化频繁的行业或市场中？	✓		
2.4	所作的重大财务预测是否存在主观性、复杂性或不确定性？	✓		
2.5	经营主体所处在的行业是否与可疑的或非法活动相关的频率较高？	✓		
2.6	在过去几年中，经营主体是否收购其他行业的企业，而对于哪些行业管理方面可能缺乏经验？			✓
2.7	经营主体的产品技术更新换代是否很快？			
2.8	经营主体的环保要求是否很高？	✓		
3.	关于经营环境	✓		
3.1	会计报表是否公开已发行证券？		✓	
3.2	会计报表是否具有不同寻常的重要性？	✓		
3.3	经营主体的经营业绩比起同行业的其他企业，是否差距较大（特别好或特别差）？	✓		
3.4	是否存在来自政府各有关部门的压力，而使管理当局歪曲财务报告？	✓	✓	
3.5	经营主体是否陷入利益冲突或控制权之争？	✓		
3.6	就经营主体的财务状况而言，履行债务协议是否有难度？			
3.7	经营主体是否被指控违反证券法、反不正当竞争法或其他相类似的法规而在过去或现在卷入法律诉讼、资金补偿或受到制裁？			✓
3.8	在最近的年检报告中，是否包含政府各有关部门对管理当局的批评而管理当局因为意见相左不愿执行的情况，或是否存在其他因素，或能够表明经营主体与主管部门关系恶化？			
3.9	经营主体是否容易受到经济事件（如利率、商品价格或外汇汇率的剧烈变动）的影响？	✓		
3.10	经营主体是否容易受到行业状况（如供过于求、技术革新、产品过时等）的重大影响？	✓		
3.11	经营主体是否容易受到政府行为变化（如主营业务是政府项目）的影响？	✓		
3.12	经营主体是否容易受到法规变化（如加大对外报告要求）的影响？	✓		
3.13	经营主体是否容易受到消费者或社会问题（如遵守环保法规、解决产品质量及服务问题）的影响？	✓		
4.	关于财务状况			
4.1	经营主体或经营主体的重要组成部分是否要被出售？		✓	
4.2	管理当局是否有调整公司股票结构的意图和动机？		✓	
4.3	管理当局的薪酬是否与公司的经营成果挂钩？	✓		
4.4	所有者或管理当局是否有强烈的降低税负的愿望？	✓		
4.5	经营主体对外提供的信息是否过于乐观而导致外界对其产生不合理的期望？	✓		

（续表）

编号	问题			
4.6	经营主体的业绩是否持续增长但潜力有限？	√		
4.7	经营主体的业绩是否大幅度下滑？		√	
4.8	经营主体是否缺乏足够的可分配利润或现金以保持其现在的分配水平？		√	
4.9	是否缺乏足够的营运资本或短期借贷使公司在盈利状态下经营？	√		
4.10	对于新资本的需求是否大于其供给？	√		
4.11	是否存在大量不正常来源（如关联方）或不正常条款的债务？	√		
4.12	是否存在违反或可能违反债务协议限制条款或其他信用行为？	√		
4.13	是否未对公司资本沿革进行调查？		√	
4.14	是否无力按时偿还债务？		√	
4.15	是否存在重大的现金周转问题？		√	
4.16	是否已失去或可能失去一批重要的顾客和顾客群？			√
4.17	是否存在表外融资或有负债？			√
5.	关于控制环境			
5.1	客户是否建立法人治理结构？	√		
5.2	在法人治理结构中，董事会是否控制股东大会？	√		
5.3	在法人治理结构中，管理当局是否控制董事会？	√		
5.4	管理当局是否愿意接受非常大的经营风险？	√		
5.5	管理当局组织结构与客户的规模和经营特点是否不相适应？	√		
5.6	董事会成员是否缺乏足够的经验和有效的工作能力？	√		
5.7	管理当局是否建立岗位责任制，以明确其职责？	√		
5.8	是否缺少预算或计划过程（预测损益或现金流量）？	√		
5.9	管理当局、会计及信息处理人员是否缺乏足够的能力履行其职责？	√		
5.10	内部审计部门是否不存在或无效？	√		
6.	关于管理当局的诚信度			
6.1	管理当局是否有因非法行为而蓄意歪曲会计报表、干扰主管部门监管的行为及有组织犯罪而涉及诉讼案件的问题？			√
6.2	管理当局是否从事的一些活动尽管没被指控为非法，但却很可疑或因其而使企业陷入困境？	√		
6.3	管理当局是否频繁地更换开户银行、律师或会计师事务所？	√		
6.4	管理当局在需要专业机构服务时，是否聘请声誉良好、讲求质量的机构？	√		
6.5	在管理当局成员中是否有人在个人生活中出现重大财务困难？	√		
6.6	管理当局的权限是否集中于某一强权人物或某一小团体？	√		
6.7	是否存在某人对公司既没有所有权又不担任公司职务，却对公司事务实施重大影响的情况？			√
6.8	管理当局是否在近期发生过重大的或不可预料的人事变动？		√	
6.9	管理人员是否缺乏丰富的经验？		√	

(续表)

序号	项目			
7.	关于有意歪曲陈述的可能性			
7.1	管理当局对于我们接触经营主体的人员和索取各种信息是否试图加以限制?	√		
7.2	是否存在缺乏支持性证据的付款?	√		
7.3	我们是否难以确定谁是真正控制经营主体的人?		√	
7.4	高层管理人员是否变动频繁,特别是财务部门?		√	
7.5	客户是否采用有争议的会计政策?	√		
7.6	管理当局是否不愿意采纳审计人员的调整分录?		√	
7.7	是否存在明显有失公平的经济交易?	√		
7.8	是否存在大量的关联方交易?	√		
7.9	管理当局包括生产部门的管理人员是否过分强调实现计划的盈利额或增长目标?	√		
7.10	客户是否正在计划或洽谈重大的融资协议,而其条款可能影响财务报告的结果?	√		
8.	管理当局对设计和保持可靠会计信息系统及有效内部控制的承诺	√		
8.1	经营主体是否未能制定出有关管理的操作流程、利益冲突的解决办法等,或是否让员工充分了解这些政策?		√	
8.2	经营单位是否缺少防止非法行为的程序(包括指令的合理应用)?	√		
8.3	管理当局是否对财务问题和预算差异有效地进行调查处理?			
8.4	会计或信息处理部门是否缺乏足够的人员?	√	√	
8.5	在过去的审计中是否发现客户有大量的差错项目和调整分录,特别是在年底或接近年尾时?		√	
8.6	客户会计记录的总体情况是不是很差?			
8.7	客户是否经常无法及时结账、提供报表(内部和外部的)?	√		
9.	影响审计风险控制的重大会计问题	√		
9.1	经营主体是否参与特定的非常复杂和重大的"实质重于形式"的交易?	√		
9.2	是否存在重大的关联方交易?	√		
9.3	近期经营主体原有的会计政策是否已被改变?或经营主体正在考虑改变它?	√		
9.4	是否存在重大的非货币交易性事项?	√		
9.5	是否存在重新编制财务报表,包括中期财务报表的异常情况?		√	

调查说明:通过了解、询问、查阅等方法,由注册会计师获取证据、独立判断和评价九个方面问题。
调查结论:

资料三 承接业务的风险初步评价表

审计人员除了应对被审计单位经营状况、经营环境进行初步了解,还应对其上年度审计报告的类型及意见、财务状况、内部控制制度进行分析研究,以全面评价承接业务的风险程度。表2-3列示了会计师事务所承接业务的风险初步评价表,该表的主要内容包括以下几个方面。

表 2-3

承接业务的风险初步评价表

被审计单位名称：ABC 公司	编制者：李丽	日期：2024/3/9	页次：1/1
会计期间或截止日：2023 年 12 月 31 日	复核者：张磊	日期：2024/3/9	索引号：G09-4

	项目	说明	风险评价
委托人	委托原因	法规规定	一般
	审计内容	ABC 公司 2023 年 12 月 31 日资产负债表及该年度的利润表和现金流量表	一般
	委托人动机	向财政部门报送审计的会计报表，向银行申请贷款	高
被审计单位	行业环境	同行业竞争激烈，ABC 公司的竞争优势不明确	高
	产品销售情况	主要销售彩电、冰箱等家电产品，销售率为 89%	一般
	企业背景	2010 年成立的大型国有企业，下设 D、F、W、R 四个控股子公司	一般
	上一会计期间是否经过审计	自 2019 年以来，一直委托我所审计。2018 年发表了无保留意见的审计报告	一般
	是否连续亏损	近 3 年经审计确认的利润分别为：90 万元、108 万元、132 万元	高
	资产负债率	76%	一般
	内部管理制度	健全	一般
	有无潜亏因素	ABC 公司对 W 公司的长期投资为 1 000 万元，W 公司已连续 3 年严重亏损	高
	是否限制范围	无	一般
如果变更事务所	变更原因	—	—
	是否与前任注册会计师沟通	—	—
	是否得到回复并评价回复		
事务所及其注册会计师	独立性	会计师事务所和审计小组在实质和形式上独立于客户	一般
	胜任能力	与其他一些客户的业务类似	一般
	是否向客户提供其他专业服务	编制了 2022 年公司的纳税申报表	一般
	是否具有充足的时间和人力执行该业务	有审计人员及时间的保证	一般
审计结论：			

(1)"委托原因"应根据具体情况填写：①法规规定。②股东或合伙人协议。

③融资协议。④企业并购、重组。⑤政府。⑥合同要求。⑦其他特殊目的。

(2)"审计内容",应填写××会计期间的会计报表,其时点、期间应与业务约定书相一致。

(3)"委托人动机",应填写委托人委托事务所对其会计报表进行审计的用意及其所期望达到的效果。

(4)"行业环境",应填写被审计单位的市场经营环境状况。

(5)"产品销售情况",应填写被审计单位主要产品销售状况,可以用主要产品销售率表示。

(6)"企业背景",应对被审计单位的历史背景进行简单的描述,并填写关联关系及其交易情况。

(7)"上一会计期间是否经过审计",应填写被审计单位上一会计期间会计报表是否经过独立审计及审计情况(审计机构、报告类型及主要审计意见内容)。

(8)"是否连续亏损",应填写被审计单位经审计确认的最近几年的盈亏状况。

(9)"资产负债率",应填写审计年度资产负债率。

(10)"内部管理制度",应填写被审计单位内部管理制度的建立和执行情况。

(11)"有无潜亏因素",应填写被审计单位现有主要潜亏事项的内容及数额。

(12)"是否限制范围",具体填写被审计单位限制审计的范围。

(13)"变更原因",应填写被审计单位变更会计师事务所的真正原因。如意见分歧,前任会计师事务所取消资格,前任会计师事务所不能胜任等。

(14)"是否与前任注册会计师沟通",应填写与前任会计师联系的具体时间及其能够索引的底稿编号或无法沟通的原因。

(15)"是否得到回复并评价回复",如果得到回复,则填"是",并填写对回复内容的评价;如果没有得到回复,则填"—"。

(16)"独立性",应填写本所及注册会计师在执业过程中能否从实质上和形式上保持独立、客观、公正,有无可能受到被审计单位和外界第三者的影响。

(17)"胜任能力",是指注册会计师能够在实务工作环境中按照设定的标准完成工作任务。胜任能力是以注册会计师的专业素质为基础的。

(18)"是否向客户提供其他专业服务",应填写向客户提供审计业务以外的专业服务,如纳税申报业务等。

(19)"是否具有充足的时间和人力执行该业务",应填写有无审计人员和时间。

(20)"风险评价"栏,应填写注册会计师对各个项目风险的初步评价结果。

实训要求

审计人员在完成表2-3后,形成审计结论,并将其填写在表2-3的最后空格栏,然后将表送交部门经理审批。部门经理如果认为承接审计风险较大,则应提出意见并送主任会计师审批。

实训二 签订审计业务约定书

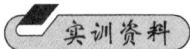

审计业务约定书是指会计师事务所与客户签订的,用以记录和确认审计业务的委托与受托关系、审计工作的目标和范围、双方的责任及出具报告的形式等事项的书面合同。签订后的审计业务约定书具有法定约束力,具有其他根据《中华人民共和国合同法》签订的经济合同一样(同等)的法律效力,成为委托人和受托人之间在法律上的生效契约。如果出现法律诉讼,审计业务约定书可作为确定双方责任的首要依据之一。从审计工作本身来看,当委托和受托目标全部实现后,即审计工作全部完成后,注册会计师应将审计业务约定书妥善保管,作为一项重要的审计工作底稿资料,纳入审计档案管理。

审计人员在了解客户的基本情况,初步评价接受该项业务的审计风险,考虑事务所自身能力和能否保持独立性后,如果初步同意承接业务,就应当进一步就审计目的、要求、范围、时间和收费等约定事项与委托人进行洽谈,并根据洽谈情况作出是否接受委托的判断。如果能接受委托,会计师事务所应与委托人签订审计业务约定书(见参考格式)。请补充写出业务约定书中第二项甲方的责任和义务、第三项乙方的责任和义务和第四项审计收费。

【参考格式】

审计业务约定书

甲方:

乙方:

兹由甲方委托乙方进行　年度会计报表审计,经双方协商,就有关事项约定如下:

一、审计范围和目的

乙方接受甲方委托,对甲方____年12月31日的资产负债表与____年度的利润表和现金流量表进行审计。

乙方的审计根据《独立审计准则》实施,包括对甲方的内部控制制度进行研究和评价,对会计记录进行必要的抽查,以及在当时情况下乙方认为必要的其他审计程序,并在此基础上对上述会计报表发表审计意见。

二、甲方的责任和义务

三、乙方的责任和义务

四、审计收费

根据《××收费标准》,乙方执行本次业务收取人民币×元。在本业务约定书签订后×个工作日内,甲方向乙方预付业务费用的×％,计人民币×元;其余×％,计人民币×元,于乙方向甲方提供报告时支付。

甲方承担乙方在执行本次业务时发生的必要支出,包括交通费、食宿费等。

五、审计报告的用途及分发和使用的限制

乙方向甲方出具审阅报告一式×份,供甲方为上述委托目的使用,不得用于其他目的。

对于甲方及其他第三方因使用报告不当所造成的后果,乙方不承担任何责任。

六、约定书的有效期间

本业务约定书一式两份,甲乙双方各执一份,具有同等法律效力。

本业务约定书自双方签章之日起生效,在约定事项全部完成后失效。

七、约定事项的变更

一方因特殊情况需要变更本业务约定书中的工作范围、时间要求、业务收费等事项,应及时通知另一方,并由双方协商确定。

八、违约责任

甲乙双方应当严格遵守上述的约定事项。任何一方违约,致使另一方不能履行约定事项时,另一方可以解除本约定,并要求违约方赔偿经济损失,依据《中华人民共和国合同法》承担相应法律责任。

甲方:××股份有限公司	乙方:××会计师事务所
(公章)	(公章)
法定代表人或授权代表:(签章)	法定代表人或授权代表:(签章)
年 月 日	年 月 日

课后笔记

实训项目二　计划审计工作

一、实训目的

通过本实训项目,学生加深了解初步业务活动的内容,理解审计计划的含义、总体审计策略和具体审计计划的作用,掌握总体审计策略和具体审计计划编制的方法、编制前的准备工作、重要性水平的确定方法。

二、理论知识点

审计计划分为总体审计策略和具体审计计划。

(一)总体审计策略

注册会计师应当为审计工作制定总体审计策略。总体审计策略用于确定审计范围、时间和方向,并指导制订具体审计计划。

1. 制定总体审计策略时考虑的事项

(1)审计范围。注册会计师应当确定审计业务的特征,包括被审计单位采用的会计准则和相关会计制度、特定行业的报告要求,以及被审计单位组成部分的分布等,以界定审计范围。

(2)报告目标、时间安排及所需沟通。总体审计策略的制定应当包括明确审计业务的报告目标、审计的时间安排和所需沟通的性质。时间安排包括提交审计报告的时间要求、预期与管理层和治理层沟通的重要日期等。

(3)审计方向。总体审计策略的制定应当考虑影响审计业务的重要因素,以确定项目组工作方向,包括确定适当的重要性水平,初步识别可能存在较高的重大错报风险的领域,初步识别重要的组成部分和账户余额,评价是否需要针对内部控制的有效性获取审计证据,识别被审计单位、被审计单位所处行业、财务报告要求及其他相关方面最近发生的重大变化等。

另外,初步业务活动的结果和为被审计单位提供其他服务时所获得的经验也能够帮助注册会计师制定总体审计策略。

2. 总体审计策略的内容

(1)向具体审计领域调配的资源,包括向高风险领域分派有适当经验的项目组成员,就复杂的问题利用专家工作等。

（2）向具体审计领域分配资源的数量，包括安排到重要存货存放地观察存货盘点的项目组成员的数量，对其他注册会计师工作的复核范围，对高风险领域安排的审计时间预算等。

（3）何时调配这些资源，包括是在期中审计阶段还是在关键的截止日期调配资源等。

（4）如何管理、指导、监督资源的利用，包括预期何时召开项目组预备会和总结会，预期项目负责人和经理如何进行复核，是否需要实施项目质量控制复核等。

注册会计师应当根据实施风险评估程序的结果对上述内容予以调整。总体审计策略制定后，注册会计师应当针对总体审计策略中所识别的不同事项，制订具体审计计划，并考虑通过有效利用审计资源实现审计目标。

总体审计策略的详略程度应当随被审计单位的规模及该项审计业务的复杂程度的不同而变化。在小型被审计单位的审计中，全部审计工作可能由一个很小的审计项目组执行，项目组成员间容易沟通和协调，总体审计策略可以相对简单。

在实务中，审计人员在形成审计计划、审计工作底稿时，应当注意以下方面。

（1）审计总体计划应由项目负责人编制并经部门经理审核。在审计项目质量控制系统中，审计计划的编制与审核必须分离，并由专人负责。为了有效地进行事务所质量控制，只有审核后的审计计划方能实施。

（2）注册会计师编制审计总体计划的重要前提是：①对被审计单位的基本情况已有充分了解。②对上年度的审计意见或其他会计师事务所注册会计师的审计意见已经审阅。③对被审计单位的内部控制制度及其执行情况已进行符合性测试或了解。④对被审计单位可能存在的错报、漏报项目进行了分析和评价。⑤对被审计单位的审计风险进行了评价和确定了重要性水平。⑥对被审计单位的会计报表进行了分析性复核。

（3）注册会计师编制审计总体计划时应考虑：①审计计划必须充分考虑被审计单位的委托目的及审计范围。②审计计划必须充分考虑被审计单位的经营规模、性质和业务复杂程度。③审计计划必须注意和考虑以前年度的审计情况和要求调整事项。④审计计划必须注意了解被审计单位审计年度经营范围和会计政策的变化。⑤审计计划必须充分关注被审计单位的关联方及其关联交易。⑥审计计划必须充分关注被审计单位可能存在的错报项目的经济事项。

（4）审计总体计划的核心内容是审计重点领域和审计重要性水平的确定。只有时间预算和人员安排的审计总体计划，对提高审计质量、规避审计风险没有任何意义。

审计重点领域的确定是从对企业基本情况和趋势的分析中获得的。注册会计师进行一般趋势分析的步骤如下。

第一步，获取会计信息和相关的非会计信息。

第二步，与相关会计信息进行对比。注册会计师将获取的会计信息和非会计信息与相关的会计信息进行比较，主要是为了判断容易产生的重大错报、漏报的风险领域。在进行比较时，注册会计师应特别关注：账户余额或发生额的异常变动，且没有发生预期的变动，如收入总额较上年有很大的增长，但未发现任何新的或非正常的收入来源；账款之间对应关系的异常变动，且所了解的情况并不能解释这些异常变动，一般应将相应的账项认定为具有错报、漏报的风险领域。

第三步，分析比较结果。注册会计师应对初步比较的结果进行复查，并将其与预期数进行比较。若比较结果表明有关变动与预期数存在明显差别，注册会计师应就此与管理当局商讨，以确定它们能否对这些异常变动提供合理的解释。若管理当局能够作出合理的解释，注册会计师应执行进一步的分析性复核测试程序，以证实其解释的合理性；若管理当局不能作出合理的解释（包括提供的证据不可信），注册会计师应将可能受其影响的账项认定为风险领域。

审计重要性水平的确定。重要性水平不存在绝对精确的数值，仅代表一种临界状态；在计划阶段，重要性水平被看作是注册会计师在运用审计程序检查会计报表的错报或漏报时所允许的误差范围；在报告阶段，重要性水平被看作是某一错报、漏报或汇总的错报、漏报，是否影响会计报表使用者判断和决策的标志。因此，审计重要性水平的计算方法是注册会计师根据被审计单位的具体情况在税前利润法、总收入法和总资产法中选择其一计算，并对计算结果加以自己的专业判断后予以修正而估计的数值。一般情况下，注册会计师在编制审计计划时，应使用被认为对任何一张会计报表都重要的、最小的错报或漏报总体水平，即应当选择最低的重要性水平作为会计报表层次的重要性水平。

（二）具体审计计划

注册会计师应当为审计工作制订具体审计计划。具体审计计划比总体审计策略更加详细，其内容包括为获取充分、适当的审计证据以将审计风险降至可接受的低水平，项目组成员拟实施的审计程序的性质、时间和范围。具体审计计划应当包括风险评估程序、计划实施的进一步审计程序和其他审计程序。

1. 风险评估程序

具体审计计划应当包括按照《中国注册会计师审计准则第1211号——重大错报风险的识别和评估》(2022年12月22日修订)的规定，为了足够识别和评估财务报表重大错报风险，注册会计师计划实施的风险评估程序的性质、时间和范围。

2. 计划实施的进一步审计程序

具体审计计划应当包括按照《中国注册会计师审计准则第1231号——针对评估的重大错报风险采取的应对措施》的规定,针对评估的认定层次的重大错报风险,注册会计师计划实施进一步审计程序的性质、时间和范围。进一步审计程序包括控制测试和实质性程序。

需要强调的是,随着审计工作的推进,对审计程序的计划会一步步深入,并贯穿整个审计过程。例如,计划风险评估程序通常在审计开始阶段进行,计划进一步审计程序则需要依据风险评估程序的结果进行。因此,为达到制订具体审计计划的要求,注册会计师需要完成风险评估程序,识别和评估重大错报风险,并针对评估的认定层次的重大错报风险计划实施进一步审计程序。

3. 计划实施的其他审计程序

具体审计计划应当包括根据审计准则的规定,注册会计师针对审计业务需要实施的其他审计程序。计划的其他审计程序包括上述进一步审计程序的计划中没有涵盖的,注册会计师根据其他审计准则的要求应当执行的既定程序。

在审计计划阶段,除了按照《中国注册会计师审计准则第1211号——重大错报风险的识别和评估》(2022年12月22日修订)进行计划工作,注册会计师还需要兼顾其他准则中规定的、针对特定项目在审计计划阶段应执行的程序及记录要求。由于被审计单位所处行业、环境各不相同,特别项目可能也有所不同。例如,有些企业可能涉及环境事项、电子商务等,注册会计师在实务中应根据被审计单位的具体情况确定特定项目,并执行相应的审计程序。

三、实训内容

实训一　总体审计策略与具体审计计划的制订

审计计划阶段的工作底稿是指注册会计师为了完成预定的审计任务、达到预期的审计目的,根据审计的预期性质、时间和范围而制定的总体战略或详细方案。由于审计计划是对审计工作的总体规划,故编制科学、严密的审计计划可以使审计人员准确地收集到充分、适当的审计证据,从而提高其审计效率。尤其在以风险为导向的现代审计中,审计计划的编制和实施有助于审计人员事先把握重点审计风险区域,降低审计成本,减少审计工作的盲目性,使审计各环节得到有效控制。因此,形成审计计划阶段的审计工作底稿是至关重要的。

资料一 分析性测试工作底稿

在审计计划阶段采用分析程序,可以帮助审计人员了解被审计单位的业务情况,确认潜在风险领域、发现异常事项、确认重要审计区域,以便确认审计程序的性质、时间和范围。因此,审计人员应通过对会计报表项目的横向、纵向和比率分析,综合观察与对比,经过审慎的职业判断,形成分析性测试工作底稿。底稿内容主要包括"横向趋势分析表""资产负债表纵向趋势分析表""利润表纵向趋势分析表""比率趋势分析表"和"分析性测试情况汇总表"。

1. 横向趋势分析表

横向趋势分析是指将每一会计报表当年数与上年数进行比较,求出其增减数额及比率以观察变化动态,研究分析其变化原因。横向趋势分析表如表2-4所示。一般应对变动幅度较大的项目作扼要说明。

表2-4

横向趋势分析表

被审计单位:ABC公司　　　编制人:李丽　　　日期:2024/3/9　　　索引号:G10-1

会计期间或截止日:2023年　　复核人:张磊　　　日期:2024/3/9　　　页次:1/1

会计报表项目	2022年 已审数(万元) ①	2023年 未审数(万元) ②	2023年比2022年增长 金额(万元) ③=②-①	2023年比2022年增长 百分比 ④=③/①	说明
营业收入	38 019	28 399			
营业成本	29 842	21 762			
营业利润	7 685	6 159			
利润总额	310	-1 017			
净利润	277	-1 017			
存货	23 034	19 206			
应收账款	21 847	25 488			
速动资产	22 661	26 907			
流动资产	52 125	55 023			
流动负债	50 088	51 979			
流动资产净额	82 837	85 367			
固定资产	45 354	46 811			

(续表)

会计报表项目	2022年 已审数(万元)①	2023年 未审数(万元)②	2023年比2022年增长 金额(万元)③=②-①	2023年比2022年增长 百分比④=③/①	说明
在建工程	1 822	1 036			
资产总额	82 837	85 367			
负债总额	63 351	66 276			
实收资本	13 421	14 053			
净资产额	19 486	19 091			

注:"说明"栏仅分析增减比例超过10%的项目。

2. 资产负债表纵向趋势分析表与利润表纵向趋势分析表

纵向趋势分析是指对每一会计报表项目按其性质分别计算其占资产总额、负债及所有者权益或主营业务收入额的百分比,并与上年同口径百分比比较,通过计算结构变化动态,计算、观察和分析各项目所占结构比例的动态变化。资产负债表纵向趋势分析表如表 2-5 所示。利润表纵向趋势分析表如表 2-6 所示。

表 2-5

资产负债表纵向趋势分析表

被审计单位:ABC 公司　　　编制人:李丽　　　日期:2024/3/9　　　索引号:G10-2
会计期间或截止日:2023 年　　复核人:张磊　　　日期:2024/3/9　　　页次:1/1

会计报表项目	2022年		2023年		增减百分比 ⑤=④-②	说明
	已审数(万元)①	占比②	未审数(万元)③	占比④		2023年度未审会计报表
流动资产	52 125	62.9%	55 023	64.4%		
长期投资	554	0.7%	554	0.7%		
固定资产净额	27 857	33.6%	27 358	32.1%		
在建工程	1 822	2.1%	1 036	1.2%		
递延资产	479	0.7%	1 258	1.5%		
无形资产	0		111	0.1%		
资产合计	82 837	100%	85 367	100%		

(续表)

会计报表项目	2022年		2023年		增减百分比 ⑤=④-②	说明 2023年度未审会计报表
	已审数(万元) ①	占比 ②	未审数(万元) ③	占比 ④		
流动负债	50 088	79.1%	51 979	78.4%		
长期负债	13 263	20.9%	14 297	21.6%		
负债合计	63 351	100%	66 276	100%		
实收资本	13 421	68.9%	14 053	76.1%		
其他权益	6 065	31.1%	5 038	23.9%		
权益合计	19 486	100%	19 091	100%		

注:"说明"栏仅分析增减比例超过10%的项目。

表2-6

利润表纵向趋势分析表

被审计单位:ABC公司　　编制人:李丽　　日期:2024/3/9　　索引号:G10-3

会计期间或截止日:2023年　　复核人:张磊　　日期:2024/3/9　　页次:1/1

会计报表项目	2022年		2023年		增减百分比 ⑤=④-②	说明
	已审数(万元) ①	百分比 ②	未审数(万元) ③	百分比 ④		
一、主营业务收入	38 019	100%	28 399	100%		
减:营业成本	29 842	78.49%	21 762	76.63%		
销售费用	2 40	0.63%	206	0.73%		
管理费用	115	0.30%	120	0.42%		
财务费用	187	0.49%	180	0.63%		
二、主营业务利润	7 635	20.08%	6 131	21.59%		
其他业务收入	50	0.13%	28	0.10%		
三、营业利润	7 685	20.21%	6 159	21.69%		
减:营业外支出	7 375	19.40%	7 176	25.27%		
四、利润总额	310	0.82%	-1 017	-3.58%		
减:所得税	33	0.09%	0	0		
五、净利润	277	0.73%	-1 017	-3.58%		

注:②、④列代表会计报表项目占主营业务收入的百分比

3. 比率趋势分析表

比率趋势分析是指利用会计报表有关项目数额,计算具有依存关系的项目之间的比率,以反映被审计单位偿债能力、营运能力、权益比率和盈利能力比率指标的动态变化。比率趋势分析表如表2-7所示。

表 2-7

比率趋势分析表

被审计单位：ABC 公司　　　编制人：李丽　　　日期：2024/3/9　　　索引号：G10-3
会计期间或截止日：2023 年　　复核人：张磊　　　日期：2024/3/9　　　页次：1/1

比率指标	计算公式	2022 年 ①	2023 年 ②	增减比率 ③＝②－①	说明
偿债能力比率					
1. 流动比率	流动资产/流动负债	1.04	1.06		
2. 速动比率	速动资产/流动负债	0.52	0.62		
财务杠杆比率					
1. 负债比率	负债总额/资产总额	0.76	0.78		
2. 资本对负债比率	资本额/负债总额	0.2119	0.2120		
3. 利息保障系数	(税前利润＋利息支出)/利息支出	1.11	0.62		
经营效率比率					
1. 存货转周率	销售成本/平均存货	1.30	1.03		
2. 应收账款周转率	销售成本/平均应收账款	1.87	1.2		
3. 总资产周转率		0.47	0.34		
获利能力比率					
1. 销售利润率	利润总额/营业收入	0.008	－0.036		
2. 资产报酬率	净利润/平均净资产	0.014	－0.053		
3. 总投资报酬率	净利润/平均总资产	0.003	－0.012		

注：1. 速动资产＝流动资产－存货－待摊费用－预付货款。
　　2. 平均存货、平均应收账款、平均净资产按年初、年末余额平均计算。
　　3. "说明"栏仅分析增减数超过 50% 的指标。

4. 分析性测试情况汇总表

审计人员在编制纵向分析、横向分析、比率分析工作底稿后,综合观察分析几个分析表中的项目变化动态和比率变化动态,对其中影响财务状况和经营成果变动幅度较大或具有异常动态的项目,应根据审计单位的情况,通过初步职业判断,综合评价列入审计计划中应安排的审计重点领域和项目。分析性测试情况汇总表如表 2-8 所示。

表 2-8

分析性测试情况汇总表

被审计单位：ABC 公司	编制人：李丽	日期：2024/3/9	索引号：G10-4
会计期间或截止日：2023 年	复核人：张磊	日期：2024/3/9	页次：1/1

测试项目	重要事项说明
1. 横向趋势分析表	(1) (2) (3) (4)
2. 资产负债表纵向趋势分析表	
3. 利润表纵向趋势分析表	
4. 比率趋势分析表	
项目经理对测试结果的综合分析或初步确定的审计重点	

横向趋势分析表、资产负债表纵向趋势分析表或利润表纵向趋势分析表和比率趋势分析表共同支持分析性测试情况汇总表。

在实务中，审计人员进行分析复核形成工作底稿时，应当注意以下方面。

（1）审计人员应根据客户特点，选择合适的财务指标进行测试，同时注意对比数据的可靠性和一致性，以及相关数据间的内在逻辑关系，否则，分析结果可能会提供错误的信息。

（2）对于分析复核中发现的重大变化或异常事项，审计人员应当询问客户管理层，并将管理层的解释与审计人员了解的信息及在审计过程中获取的其他证据进行比较核实，形成专业判断，记录在工作底稿中。

资料二　审计风险初步评估表

在审计计划阶段，审计人员应当对会计报表整体的固有风险进行评估。表 2-9 列示了审计风险初步评估表。审计人员应根据客户具体情况选择重要的项目进行评价，任何一个重要账户如果有一或多个"Y"的回答，则考虑评估为较高风险并解释原因。

在实务中,对审计风险的评估是个动态过程。在完成每个阶段的审计工作后,审计人员都应对固有风险进行重新评估,并与初步评估结果进行比较,以修正或补充相关审计程序。

表 2-9

审计风险初步评估表

被审计单位:ABC 公司　　编制人:李丽　　日期:2024/3/9　　索引号:G02-5
会计期间或截止日:2023 年　　复核人:张磊　　日期:2024/3/9　　页次:1/1

项目	是(Y)或否(N)			
	需要估计的账户	易被错误使用的账户	复杂的交易或计算	异常的交易或偶然交易
货币资金	N	N	N	N
短期投资	N	N	N	N
应收款项	Y 坏账损失	N	N	N
存货	N	Y	N	N
其他应收款（待摊）	Y 摊销费用	Y	N	N
长期资产	N	N	N	N
应付款项	N	N	N	N
应交税费	N	N	Y 没有异常	N
预计负债	Y	N	N	N
长期借款	N	N	N	N
股本（实收资本）	N	N	N	N
收入	N	N	N	N
费用	Y 坏账损失 摊销费用	N	N	N
关联方交易	N	N	N	N
审计结论:				

资料三 重要性水平评估表

重要性水平是审计人员从审计报告使用者的角度进行专业判断的结果,其目的是保证审计质量的同时提高审计工作效率。重要性水平评估的结果对审计人员的工作量及审计质量有直接影响。重要性水平过高,会导致审计不足,增加错报风险;重要性水平过低,会导致审计过量,增加审计成本。

1. 重要性水平初步评估表

在审计实务中,重要性水平评估绝不是机械的数学计算,而是审计人员从性质和金额上综合考虑客户的具体情况、会计报表项目的性质等因素后作出的专业判断。

(1)从性质上讲,审计人员确定重要性水平需要考虑的因素有:①会计报表的使用者及其所关注的财务信息。②有关法规的特殊规定,如是否存在对数据披露的精确程度或其他特殊披露项目的规定。③涉及合同履行的条款。④影响盈亏逆转的因素。⑤不期望出现误差。⑥违反法规或敏感事件。

(2)从金额上讲,审计人员一般选择资产总额、净资产、主营业务收入、净利润、税前利润等为基础计算重要性水平,以下是针对两类被审计单位的具体计算表现。

一是对于以营利为目的的公司、企业,计算重要性水平的方法一般包括:①税前利润的5%~10%;税前利润的0.5%~1%。②毛利的1%~5%(尤其适用于税前亏损或税前利润较小而营业收入较大、毛利率过低的企业)。③营业收入的0.5%~1%。④净资产的1%~5%。

二是非营利组织一般资产规模较小,其主要项目是费用支出,而投资者也关注费用开支的总额及合理性,所以重要性水平一般根据总费用的0.5%~1%确定。

表2-10列示了重要性水平初步评估表。表中:①"年份或项目"栏中年份,分别填写被审计年份的前3年。②"税前利润法"栏,分别填写前3年、前3年平均、当年的税前利润数额。③"总收入法"栏,分别填写前3年、前3年平均、当年的总收入。④"总资产法"栏,分别填写前3年、前3年平均、当年的总资产数额。⑤"重要性水平(绝对值)"行,分别填写按其选用的以上3种方法之一计算得出的数额(或修订后的数额)。

表2-10

重要性水平初步评估表

被审计单位:ABC公司　　编制人:李丽　　日期:2024/3/9　　索引号:G10-6
会计期间或截止日:2023年　　复核人:张磊　　日期:2024/3/9　　页次:1/1

年份或项目	税前利润法	总收入法	总资产法
2021年		30 455	
2022年		32 458	
2023年		38 019	

(续表)

年份或项目	税前利润法	总收入法	总资产法
前3年平均		33 644	
当年未审数		28 399	
重要性比例	3%～5%	0.5%～1%	0.5%～1%
重要性水平计算			
部门经理对总体审计重要性标准意见	综合考虑ABC公司的审计风险,其报表层次的重要性水平初步确定为120万元		

表2-10提供的仅为参考方法和经验数据,审计人员在选择运用时应注意与被审计单位实际情况相结合,全面考虑,谨慎地加以确定,必要时需对计算得出的数据加以修订。审计人员应在空白栏内列明选用该方法的理由,对计算结果加以修订的判断依据或未作任何修订的理由。

(3) 在实务中,审计人员在确定重要性水平、形成相应底稿时,还应该注意以下情况:①如果客户当年度的会计报表项目和前期相比,出现较大变动幅度,则一般采用平均数据(如3年平均数等)作为计算基础,而不仅仅依赖当期数据。②如果审计人员选择的计算基础存在较大金额的异常事项、非经常事项(如内部交易、定价不合理的关联交易等),应考虑对其进行调整,并根据调整后的数据进行计算。③对于处于保本状态的公司、财务结果或财务比率临近不可接受点的公司及存在其他敏感情况的公司,应当适当降低重要性水平。④根据不同的计算基础计算出不同的重要性水平后,审计人员应选取最低者,或根据对报表使用者的影响程度,选择平均数来作为报表层次的重要性水平。⑤审计人员在计划阶段初步评估的重要性水平,还要与审计报告阶段评估的重要性水平相比较,以决定是否需要追加审计程序。

2. 账户(交易)重要性水平分配表

审计人员根据客户基本情况了解和分析测试的结果,以资产负债表为基础,采用分配的方法确定交易或账户层次的重要性水平,形成"账户(交易)重要性水平分配表"(表2-11)。

表2-11

账户(交易)重要性水平分配表

被审计单位:ABC公司　　　编制人:李丽　　　日期:2024/3/9　　　索引号:G10-7
会计期间或截止日:2023年　　复核人:张磊　　　日期:2024/3/9　　　页次:1/1

资产	分配金额(万元)	负债及所有者权益	分配金额(万元)
货币资金	0.5	应付票据	9.0
应收账款	15.0	应付账款	40.0

(续表)

资产	分配金额(万元)	负债及所有者权益	分配金额(万元)
坏账准备	7.0	预收账款	15.0
预付账款	8.0	其他应付款	17.0
其他应收款	10.0	应付职工薪酬	26.0
存货	20.0	应交税费	0
长期投资	12.5	其他未交款	3.0
固定资产原值	25.0	其他负债	10.0
累计折旧	7.0	实收资本	0
在建工程	10.0	资本公积	0
无形资产	5.0	盈余公积	0
		未分配利润	0
资产合计	120.0	负债及所有者权益合计	120.0

在实务中,审计人员在决定是否分配账户(交易)重要性水平及其如何分配时,应当注意以下方面。

(1) 无论采用分配的方法还是不采用分配的方法,审计人员都应当对重要的账户或交易从严制定重要性水平。

(2) 决定分配时,一般以资产负债表账户作为分配对象。按照资产类账户、负债类账户、权益类账户和损益类账户的会计属性,将各重要性水平分配到资产类账户(或负债类账户,或损益类账户)。各科目的重要性水平绝对值之和等于报表层次的重要性水平。由于权益类账户各科目几乎都属于不期望出现误差的项目,为谨慎起见,分配给权益类账户各科目的重要性水平很低,近乎 0(即对权益类各个科目都要详细审计)。

(3) 决定不分配时,可以考虑根据账户或交易的性质及错报的可能性,将各账户或交易的重要性水平确定为会计报表层次重要性水平的 20%～50% 或 1/6～1/3。审计时,只要发现该账户或交易的错报或漏报超过这一水平,就应建议被审计单位进行调整;最后汇总未调整不符事项,同一账户的各个科目的累积错误超过报表层次的重要性水平的,也应建议被审计单位进行调整。

资料四 审计总体策略制定工作

项目经理对注册会计师在了解 ABC 公司基本情况、分析性测试过程中形成的审计工作底稿进行复核后,形成"总体审计策略表"(表 2-12)。请根据本组的实际情况和分工,完成表 2-12 中的第七项审计小组组成及人员分工。

表 2-12

总体审计策略表

被审计单位:ABC 公司	编制人:李丽	日期:2024/3/9	索引号:G10-8
会计期间或截止日:2023 年	复核人:张磊	日期:2024/3/9	页次:1/1

一、委托审计的目的、范围
审计 ABC 公司 2023 年 12 月 31 日资产负债表和该年度内利润表和现金流量表。

二、审计策略(是否实施预审,是否进行符合性测试,实质性测试是按业务循环还是按报表项目等)
由于 ABC 公司是常年客户,不进行全面符合性测试,但对于变动较大的项目实施双重目的的测试;按业务循环进行实质性测试。

三、评价内部控制制度和审计风险
内部控制制度尚健全,但由于本年度公司由盈转亏,可能存在某种程度的财务问题,审计风险较大。

四、重要会计问题及重点审计领域
1. 营业收入、营业成本项目
2. 影响利润的其他业务利润、费用、营业外支出项目
3. 应收账款项目
4. 存货项目
5. 在建工程项目

五、重要性标准初步估计
采用总收入法:
按前 3 年平均营业收入(万元)　　　　33 644×0.5％＝168.22(万元)
按 2023 年营业收入(万元)　　　　　　28 399×0.5％＝141.995(万元)
综合考虑 ABC 公司的审计风险,ABC 公司报表总体重要性水平可初步评价为 120 万元。

六、计划审计日期
外勤工作自 2024 年 3 月 8 日至 2024 年 3 月 13 日,共计 48 人次。

编写报告自 2024 年 3 月 10 日至 2024 年 3 月 18 日。

七、审计小组组成及人员分工

姓名	职务或职称	分工	备注

八、修订计划记录

(1)"委托审计的目的、范围"应依据业务约定书的委托和被审计单位具体情况填写。

(2)"审计策略"应根据对审计单位情况的了解和评价确定策略,如是否实施预审、是否进行符合性测试、采用何种实质性测试方法等。

(3)"评价内部控制制度和审计风险"应根据对被审计单位内部控制制度执行情

况的了解和符合性测试的结果进行评价,同时确定审计风险的程度以及初步确定的重要性水平和分配原则。

(4)"重要会计问题及重点审计领域"应根据对上年审计情况的了解和对被审计年度进行的分析评价所确定的重要会计问题及重点审计领域填写。

(5)"重要性标准初步估计"应采用一定方法(如总收入法)初步估计重要性水平。

(6)"计划审计日期"应填写对预审、外勤及编写报告等工作作出的人员和时间安排。

(7)"审计小组组成及人员分工"。项目经理在组织讨论分工时应考虑助理人员的业务能力素质进行适当分工,且在分工过程中应充分考虑会计项目之间的内在联系及其因果关系,不要简单地按资产、负债、权益和损益划分。

(8)"修订计划记录"应填写经部门经理对计划审查后的意见及在审计过程中根据实际情况所作出的修订内容。

资料五　具体审计计划

具体审计计划如表 2-13、表 2-14 所示。

表 2-13

应收账款审计程序表

查验人员：　　　　　　　　　　　　　　　　　　　　　日期：
复核人员：　　　　　　　　　　　　　　　　　　　　　日期：

一、审计目标

1. 确定应收账款是否存在
2. 确定应收账款是否归被审计单位所有
3. 确定应收账款增减变动的记录是否完整
4. 确定应收账款是否可收回,准备的计提是否恰当
5. 确定应收账款年末余额是否正确
6. 确定应收账款在财务报表上的披露是否恰当

二、审计程序

审计重点	审计程序	执行情况说明	索引号
	1. 核对应收账款明细账余额与总账、报表余额是否相符		
	2. 获取或编制应收账款余额明细表,复核加计数额是否正确		

(续表)

审计重点	审计程序	执行情况说明	索引号
	3. 分析应收账款的账龄及余额构成,选取账龄长、金额大的应收款项向债务人进行函证,并根据回函情况编制函证结果汇总表。回函金额不符的,要查明原因,作出记录或进行适当调整		
	4. 对未回函的或未发询证函的应收账款,可采用替代审计程序进行检查,根据替代检查结果判断其债权的真实性与可回收性		
	5. 检查应收账款中是否有无法收回的款项		
	6. 检查有无不属于结算业务的债权,如有,应做记录或作适当调整		
	7. 对于用非记账本位币结算的应收账款,检查其采用的汇率及折算方法是否正确	不适用	
	8. 分析应收账款明细账余额,对于出现贷方余额的项目,应查明原因,必要时作重分类调整		
	9. 验明应收账款是否已在资产负债表上恰当披露		

表 2-14

应收账款工作底稿

查验人员：　　　　　　　　　日期：

复核人员：　　　　　　　　　日期：　　　　　　　　　单位：元

上期期末审定数	未审数核对			调整分录金额(＋或一)	重分类分录金额(＋或一)	审定数
	索引号	项目	金额			
		报表数				
		明细账				
		AB				
		AC				
		AD				
		AE				
		AF				
		AG				
		合计				

 实训要求

(1) 根据所给的实训资料,独立或讨论完成所提供的表 2-4 横向趋势分析表。

（2）根据所给的实训资料，独立或讨论完成所提供的表 2-5 资产负债表纵向趋势分析表。

（3）根据所给的实训资料，独立或讨论完成所提供的表 2-6 利润表纵向趋势分析表。

（4）根据所给的实训资料，独立或讨论完成所提供的表 2-7 比率趋势分析表。

（5）根据所给的实训资料，独立或讨论完成所提供的表 2-8 分析性测试情况汇总表。

（6）根据所给的实训资料，独立或讨论完成所提供的表 2-9 审计风险初步评估表。

（7）根据所给的实训资料，独立或讨论完成所提供的表 2-10 重要性水平初步估计表。

（8）根据所给的实训资料，独立或讨论完成所提供的表 2-11 账户（交易）重要性水平分配表。

（9）根据所给的实训资料，独立或讨论完成所提供的表 2-12 总体审计策略表。

（10）观察表 2-13 和表 2-14，并结合所学知识，概括总结具体审计计划的内容。你认为在制定总体审计策略和具体审计计划时是否需要与治理层和管理层进行沟通？你认为制订具体审计计划的参与者应包括哪些人？

（11）根据所学知识及上述资料，你认为在正式编制审计计划之前，注册会计师的初步业务活动应该有哪些？

实训二　重要性水平的确定

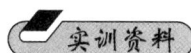

注册会计师对 ABC 公司 2023 年度财务报表进行审计时，取得未经审计的有关财务报表项目如表 2-15 所示。

表 2-15

未经审计的有关财务报表项目　　　　　　　　　　单位：万元

财务报表项目名称	金额
资产总计	180 000
所有者权益合计	88 000
主营业务收入	240 000
利润总额	36 000
净利润	24 120

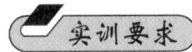

(1) 如果以资产总额、净资产(股东权益)、主营业务收入和净利润作为判断基础,采用固定比率法,并假定资产总额、净资产、主营业务收入和净利润的固定百分比数值分别为 0.5％、1％、0.5％、5％,请你代表注册会计师计算确定 ABC 公司 2023 年度财务报表层次的重要性水平,并列示计算过程。

(2) 简要说明重要性水平和审计证据的关系。

(3) 简要说明重要性水平和审计风险的关系。

实训三　管理层认定、审计目标与审计程序的关系

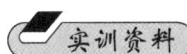

注册会计师通常依据各种交易、账户余额和列报的相关认定确定审计目标,根据审计目标设计审计程序。以下给出了采购交易的审计目标,并列举了部分实质性程序。

1. 审计目标

(1) 所记录的采购交易已发生。

(2) 所有应当记录的采购交易均已记录。

(3) 与采购交易有关的金额及其他数据已恰当记录。

(4) 采购交易已记录于恰当的账户。

(5) 采购交易已记录于正确的会计期间。

2. 实质性程序

(1) 将采购明细账中记录的交易与购货发票、验收单及其他证明文件比较。

(2) 根据购货发票反映的内容检查会计科目表上的分类。

(3) 从购货发票追查至采购明细账。

(4) 从验收单追查至采购明细账。

(5) 将验收单和购货发票上的日期与采购明细账中的日期进行比较。

(6) 检查购货发票、验收单、订货单和请购单的合理性和真实性。

(7) 追查存货的采购至存货永续盘存记录。

实训要求

根据题中给出的审计目标,指出对应的相关认定;针对每一审计目标,选择相应的实质性程序(一项实质性程序可能应对一项或多项审计目标,每一审计目标可能选

择一项或多项实质性程序)。请将财务报表的相关认定及选择的实质性程序字母顺序号填入给定的表格中,管理层认定、审计目标与审计程序的关系如表 2-16 所示。

表 2-16

管理层认定、审计目标与审计程序的关系表

相关认定	审计目标	实质性程序
	所记录的采购交易已发生,且与被审计单位有关	
	所有应当记录的采购交易均已记录	
	与采购交易有关的金额及其他数据已恰当记录	
	采购交易已记录于恰当的账户	
	采购交易已记录于正确的会计期间	

课后笔记

实训项目三　风险评估与应对

一、实训目的

风险导向审计是当今主流的审计方法,它要求注册会计师以重大错报风险的识别、评估和应对为审计工作的主线,以提高审计效率和效果。风险评估与应对是风险导向审计最明显的特征。风险评估与应对指的是注册会计师通过实施风险评估程序,识别和评估财务报表层次以及各类交易、账户余额、列报认定层次的重大错报风险,并针对已评估的重大错报风险确定总体应对措施,设计和实施进一步审计程序。通过本项目的实训学习,学生应理解并掌握一定的审计程序,完成风险评估程序,并在此基础上,对被审计单位的财务报表重大错报风险作出合理的应对措施。

二、理论知识点

新政策变动内容提示

新政策主要针对风险评估的程序、流程和方法作出规范。

(一) 变动解析

近年来,随着企业商业环境不确定性的增加、经济业务模式的日趋复杂和信息技术的飞速发展,注册会计师执行审计工作面临诸多挑战。同时,资本市场的改革与发展也对审计质量提出了更高要求。如何更有效地识别和评估重大错报风险、提高审计质量,成为审计实务中的突出问题和难点。

2022年12月22日,财政部发布了修订后的《中国注册会计师审计准则第1211号——重大错报风险的识别和评估》(以下简称新准则)。本次修订的目标是贯彻落实《国务院办公厅关于进一步规范财务审计秩序促进注册会计师行业健康发展的意见》(国办发〔2021〕30号)中"持续提升审计质量"和"完善审计准则体系"的要求,规范和指导注册会计师开展实务工作,同时保持我国审计准则与国际准则的持续动态趋同。为此,中国注册会计师协会进行了相关内容的修订。

本次变动在坚持风险导向审计的基础上,强化了对了解被审计单位的有关要求,补充了与信息技术相关的规定和指引,明确了分别评估固有风险和控制风险的要求,提出了在风险评估流程的最终阶段进行总体评价的要求,针对在识别和评估重大错报风险的过程中如何保持职业怀疑作出了进一步规定并提供了指引等。本次修订于

2023年7月1日起施行。

（二）主要变化内容

（1）提出并修改了相关定义，如相关认定、相关交易类别、账户余额和披露、固有风险因素、信息处理控制、信息技术一般控制、信息技术环境等。

（2）新增信息技术相关的规定。新准则明确要求注册会计师了解被审计单位的技术环境，识别存在使用信息技术导致的风险的信息技术环境，并进一步识别使用信息技术导致的相关风险，以及被审计单位用于应对这些风险的信息技术一般控制。

（3）新准则将被审计单位适用的财务报告编制基础作为了解被审计单位中的一个单独部分阐述，并对其提出了更详细的要求。要求包括了解与财务报表编制相关的内部环境、风险评估工作、内部控制体系的监督工作、信息与沟通、重大事项、信息系统和内部控制体系等程序。

（4）新准则对了解被审计单位控制活动程序进行了详细解释：①识别用于应对认定层次重大错报风险的控制。②识别可能面临运用信息技术导致的风险，以及被审计单位用于应对这些风险的信息技术一般控制。③评价控制的设计是否有效，并确定控制是否得到执行。

（5）在重大错报风险的识别和评估方面，新准则要求分别评估固有风险和控制风险（即在接下来的业务循环审计中，应评估固有风险和控制风险）。当注册会计师拟测试控制运行的有效性时，应当评估控制风险；拟不测试控制运行的有效性时，应将固有风险的评估结果作为重大错报风险的评估结果；当注册会计师利用"固有风险等级"，评估重大错报风险时，应根据错报发生的可能性及其严重程度，对固有风险水平作出判断。

（6）注册会计师在审计过程中保持应有的职业怀疑态度对保障审计质量至关重要。本次准则的修订对总体评价提出了新的要求：在风险评估流程的最终阶段，注册会计师应根据已获取的审计证据，评估所识别重要类别的交易、账户余额和披露的完整性。

（7）新准则在应用指南的相关部分单独加入了"针对不同情形运用本准则的规定"和"自动化工具和技术"的小标题，为注册会计师在审计不同规模或复杂程度的被审计单位时，如何灵活运用本准则作出了专门的说明，并为如何在审计工作中利用自动化工具和技术提供了指引，以帮助注册会计师适应新的审计环境。

（8）新准则明确，通过实施风险评估程序获取的审计证据可以为识别和评估重大错报风险提供适当基础。

（9）在了解被审计单位内部控制体系各要素的程序中，新准则强调注册会计师需了解组织文化，以及管理层是否重视诚信、道德和价值观。

注册会计师应当了解被审计单位及其环境,以充分识别和评估财务报表重大错报风险,设计和实施进一步审计程序。

(一) 风险评估的作用

了解被审计单位及其环境是必要程序,特别是为注册会计师在下列关键环节作出职业判断提供重要基础。

(1) 确定重要性水平,并随着审计工作的进程评估对重要性水平的判断是否仍然适当。

(2) 考虑会计政策的选择和运用是否适当,以及财务报表的列报是否适当。

(3) 识别需要特别考虑的领域,包括关联方交易、管理层运用持续经营假设的合理性,或交易是否具有合理的商业目的等。

(4) 确定在实施分析程序时所使用的预期值。

(5) 设计和实施进一步审计程序,以将审计风险降至可接受的低水平。

(6) 评价所获取审计证据的充分性和适当性。

(二) 风险评估程序

注册会计师应当实施下列风险评估程序,以了解被审计单位及其环境。

1. 询问被审计单位管理层和内部其他相关人员

注册会计师可以考虑向管理层和财务负责人询问下列事项:

(1) 管理层所关注的主要问题,如新的竞争对手、主要客户和供应商的流失、新的税收法规的实施、经营目标或战略的变化等。

(2) 被审计单位最近的财务状况、经营成果和现金流量。

(3) 可能影响财务报告的交易和事项或目前发生的重大会计处理问题,如重大的并购事宜等。

(4) 被审计单位发生的其他重要变化,如所有权结构、组织结构的变化,以及内部控制的变化等。

2. 分析程序

分析程序是指注册会计师通过研究不同财务数据之间以及财务数据与非财务数据之间的内在关系,对财务信息作出评价。分析程序还包括调查识别出的、与其他相关信息不一致或与预期数据严重偏离的波动和关系。

分析程序既可用作风险评估程序和实质性程序,也可用作对财务报表的总体复核。注册会计师实施分析程序有助于识别异常的交易或事项,以及对财务报表审计产生影响的金额、比率和趋势。在实施分析程序时,注册会计师应当预期可能存在的合理关系,并与被审计单位记录的金额、依据记录金额计算的比率或趋势相比较。如果发现异常或未预期到的关系,注册会计师应当在识别重大错报风险时考虑这些比较结果。

如果使用了高度汇总的数据,实施分析程序的结果仅可能初步显示财务报表存在重大错报风险,注册会计师应当将分析结果连同识别重大错报风险时获取的其他信息一并考虑。例如,由于被审计单位存在很多产品系列,各个产品系列的毛利率存在一定差异,对总体毛利率实施分析程序的结果仅可能初步显示销售成本存在重大错报风险,因此注册会计师需要实施更为详细的分析程序。又如,对每一产品系列进行毛利率分析,或将总体毛利率分析的结果连同其他信息一并考虑。

3. 观察和检查

观察和检查程序可以印证对管理层和其他相关人员询问的结果,并可提供有关被审计单位及其环境的信息,注册会计师应当实施下列观察和检查程序:

(1) 观察被审计单位的生产经营活动。

(2) 检查文件、记录和内部控制手册。

(3) 阅读由管理层和治理层编制的报告。

(4) 实地察看被审计单位的生产经营场所和设备。

(5) 追踪交易在财务报告信息系统中的处理过程(穿行测试)。

(三) 了解被审计单位及其环境

注册会计师应当从下列方面了解被审计单位及其环境:行业状况、法律环境、监管环境及其他外部因素;被审计单位的性质;被审计单位对会计政策的选择和运用;被审计单位的目标、战略及相关经营风险;被审计单位财务业绩的衡量和评价;被审计单位的内部控制。

1. 行业状况、法律环境、监管环境及其他外部因素

(1) 了解行业状况有助于注册会计师识别与被审计单位所处行业有关的重大错报风险。注册会计师需要了解的被审计单位行业状况包括所处行业的市场供求与竞争、生产经营的季节性和周期性、产品生产技术的变化、能源供应与成本、行业的关键指标和统计数据。

(2) 注册会计师应当了解被审计单位所处的法律环境与监管环境,其主要包括:适用的会计准则、会计制度和行业特定惯例;对经营活动产生重大影响的法律法规及监管活动;对开展业务产生重大影响的政府政策,包括货币、财政、税收和贸易等政策;与被审计单位所处行业和所从事经营活动相关的环保要求。

(3) 注册会计师应当了解影响被审计单位经营的其他外部因素,其主要包括:宏观经济的景气度、利率和资金供求状况、通货膨胀水平及币值变动、国际经济环境和汇率变动。

2. 被审计单位的性质

注册会计师应当了解被审计单位的性质,其包括以下方面:所有权结构、治理结构、组织结构、经营活动、投资活动、筹资活动。

3. 被审计单位对会计政策的选择和运用

注册会计师应当了解被审计单位对会计政策的选择和运用,其包括下列方面:重要项目的会计政策和行业惯例;重大和异常交易的会计处理方法;在新领域和缺乏权威性标准或共识的领域,采用重要会计政策产生的影响;会计政策的变更;被审计单位何时采用,以及如何采用新颁布的会计准则和相关会计制度。

4. 被审计单位的目标、战略及相关经营风险

被审计单位的目标、战略及相关经营风险包括被审计单位的目标、战略与经营风险,经营风险对重大错报风险的影响,被审计单位的风险评估过程,对小型被审计单位的考虑等方面。

5. 被审计单位财务业绩的衡量和评价

被审计单位管理层经常会衡量和评价关键业绩指标(包括财务和非财务的)、预算及差异分析、分部信息和分支机构、部门或其他层次的业绩报告及与竞争对手的业绩比较。此外,外部机构也会衡量和评价被审计单位的财务业绩,如分析师的报告和信用评级机构的报告。

(1) 在了解被审计单位财务业绩衡量和评价情况时,注册会计师应当关注下列信息:关键业绩指标;业绩趋势;预测、预算和差异分析;管理层和员工业绩考核与激励性报酬政策;分部信息与不同层次部门的业绩报告;与竞争对手的业绩比较;外部机构提出的报告。

(2) 关注内部财务业绩衡量的结果。内部财务业绩衡量可能显示未预期到的结果或趋势。在这种情况下,管理层通常会进行调查并采取纠正措施。与内部财务业绩衡量相关的信息可能显示财务报表存在错报风险,例如,内部财务业绩衡量可能显示被审计单位与同行业其他单位相比具有异常快的增长率或盈利水平。此类信息如果与业绩奖金或激励性报酬等因素结合起来考虑,可能显示管理层在编制财务报表时存在某种倾向的错报风险。因此,注册会计师应当关注被审计单位内部财务业绩衡量所显示的未预期到的结果或趋势、管理层的调查结果和纠正措施,以及相关信息是否显示财务报表可能存在重大错报。

(3) 考虑财务业绩衡量指标的可靠性。如果拟利用被审计单位内部信息系统生成的财务业绩衡量指标,注册会计师应当考虑相关信息是否可靠,以及利用这些信息是否足以实现审计目标。许多财务业绩衡量中使用的信息可能由被审计单位的信息系统生成。如果被审计单位管理层在没有合理基础的情况下,认为内部生成的衡量财务业绩的信息是准确的,而实际上信息有误,那么根据有误的信息得出的结论也可能是错误的。注册会计师如果计划在审计中(如在实施分析程序时)利用财务业绩指标,则应当考虑相关信息是否可靠,以及在实施审计程序时利用这些信息是否足以发现重大错报。

(4)对小型被审计单位的考虑。小型被审计单位通常没有正式的财务业绩衡量和评价程序,管理层往往以某些关键指标作为评价财务业绩和采取适当行动的基础。因此,注册会计师在对小型单位进行审计时应当了解管理层使用的关键指标。

6. 被审计单位的内部控制

内部控制是被审计单位为了合理保证财务报告的可靠性、经营的效率和效果以及对法律法规的遵守,由治理层、管理层和其他人员设计与执行的政策及程序。在了解与审计相关的控制时,注册会计师应当综合运用询问和其他程序,以评价这些控制的设计,并确定其是否得到执行。内部控制包括下列要素:①控制环境。②风险评估过程。③信息系统与沟通。④控制活动。⑤对控制的监督。对内部控制了解的深度是指审计人员在了解被审计单位及其环境时对其内部控制了解的程度,包括评价控制的设计,并确定控制是否得到执行,但不包括对控制是否得到一贯执行的测试。

(四)评估重大错报风险

1. 识别和评估重大错报风险的审计程序

(1)在了解被审计单位及其环境(包括与风险相关的控制)的整个过程中,结合对财务报表中各类交易、账户余额和披露的考虑,识别风险。

(2)评估识别出的风险,并评价其是否更广泛地与财务报表整体相关,进而潜在地影响多项认定。

(3)结合对拟测试的相关控制的考虑,将识别出的风险与认定层次可能发生错报的领域相联系。

(4)考虑发生错报的可能性(包括发生多项错报的可能性),以及潜在错报的重大程度是否足以导致重大错报。

2. 识别两个层次的重大错报风险

在对重大错报风险进行识别和评估后,注册会计师应当确定,识别的重大错报风险是与特定的某类交易、账户余额、列报的认定相关,还是与财务报表整体广泛相关,进而影响多项认定。

重大错报风险是固有风险和控制风险共同作用的结果,因此,注册会计师在评估重大错报风险时,应当考虑相关控制的影响(即控制风险)。

财务报表层次和认定层次的重大错报风险在各自的性质特征和对财务报表及其审计产生影响的具体方式上存在差异,因此,尽管两个层次重大错报风险的识别和评估遵守的基本原理相同,但各自运用的具体方法及要求存在差异。例如,对于识别出的认定层次重大错报风险,审计准则规定,注册会计师应当分别评估固有风险和控制风险;对于识别出的财务报表层次重大错报风险,审计准则未明确规定,是分别评估固有风险和控制风险,还是合并评估。注册会计师识别和评估财务报表层次重大错报风险所采用的具体方法,取决于其偏好的审计技术方法和其对实务上的考虑。

在评估与特定认定层次重大错报风险相关的固有风险等级时,注册会计师应当运用职业判断,确定综合错报发生的可能性和严重程度两个方面的影响程度。

固有风险等级是指注册会计师对固有风险水平在一个范围内作出的从低到高的判断。作出该判断应当考虑被审计单位的性质和具体情况,并考虑评估的错报发生的可能性和严重程度及固有风险因素。在考虑错报发生的可能性时,注册会计师应当基于对固有风险因素的考虑,评估错报发生的概率。在考虑错报的严重程度时,注册会计师应当考虑错报的定性和定量两个方面。

注册会计师应根据综合错报发生的可能性和严重程度两个方面的影响程度,确定固有风险等级。两者综合的影响程度越高,评估的固有风险等级越高;反之亦然。

注册会计师在评估固有风险等级时,应当考虑固有风险因素的相对影响。固有风险因素的影响越低,评估的风险等级可能也越低。注册会计师在评估时可能会受到一些事项的影响,认为重大错报风险具有较高的固有风险等级,进而将其确定为特别风险。在确定风险的性质时,注册会计师应当考虑下列事项:

(1) 交易具有多种可接受的会计处理,故其涉及主观性。

(2) 会计估计具有高度不确定性或存在模型复杂的情况。

(3) 支持账户余额的数据收集和处理较为复杂。

(4) 账户余额或定量披露涉及复杂的计算。

(5) 对会计政策存在不同的理解。

(6) 被审计单位业务的变化涉及会计处理,如合并和收购。

3. 需要特别考虑的重大错报风险

在确定风险的性质时,注册会计师应当考虑下列事项:①风险是否属于舞弊风险。②风险是否与近期经济环境、会计处理方法和其他方面的重大变化有关。③交易的复杂程度。④风险是否涉及重大的关联方交易。⑤财务信息计量的主观程度,特别是对不确定事项的计量存在较大区间。⑥风险是否涉及异常或超出正常经营过程的重大交易。

（五）控制测试

控制测试指的是测试控制运行的有效性。在测试控制运行的有效性时，注册会计师应当从下列方面获取关于控制是否有效运行的审计证据：

（1）控制在审计期间的不同时点是如何运行的。

（2）控制是否得到一贯执行。

（3）控制由谁执行。

（4）控制以何种方式运行（如人工控制或自动化控制）。

作为进一步审计程序的类型之一，控制测试并非在任何情况下都需要实施。当存在下列情形之一时，注册会计师应当实施控制测试：在评估认定层次重大错报风险时，预期控制的运行是有效的；仅实施实质性程序不足以提供认定层次充分、适当的审计证据。虽然控制测试与了解内部控制的目的不同，但两者采用审计程序的类型通常相同，包括询问、观察、检查和重新执行等。

（六）实质性程序

实质性程序是指注册会计师针对评估的重大错报风险实施的直接用以发现认定层次重大错报的审计程序。因此，注册会计师应当针对评估的重大错报风险设计和实施实质性程序，以发现认定层次的重大错报。实质性程序包括对各类交易、账户余额、列报的细节测试以及实质性分析程序。

1. 细节测试

细节测试是对各类交易、账户余额、列报的具体细节进行测试，目的在于直接识别财务报表认定是否存在错报。细节测试被用于获取与某些认定相关的审计证据，如存在、准确性、计价等。

2. 实质性分析程序

实质性分析程序从技术特征上讲仍然是分析程序，主要是通过研究数据间关系评价信息，只是将该技术方法用作实质性程序，即用以识别各类交易、账户余额、列报及相关认定是否存在错报。实质性分析程序通常更适用于在一段时间内存在可预期关系的大量交易。

三、实训内容

实训一　了解内部控制

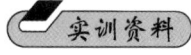

审计人员对ABC公司2023年度的财务状况进行审计。ABC公司尚未采用计算

机记账。审计人员于 2024 年 3 月对 ABC 公司的内部控制制度进行了解和测试,并在相关的审计工作底稿中记录了了解和测试的事项,摘录如下。

(1) ABC 公司产成品发出时,由销售部填制一式三联的出库单。仓库发出产成品后,将第一联出库单留存登记产成品卡片,第二联交销售部留存,第三联交会计部会计人员甲登记产成品总账和明细账。

(2) 会计人员乙负责开具未连续编号的销售发票。在开具销售发票之前,先核对装运凭证和相应的经批准的销售单,并根据已授权批准的商品价目表填写销售发票上的价格,根据装运凭证上的数量填写销售发票上的数量。

(3) ABC 公司的材料采购需要经授权批准后方可进行。采购部根据经批准的请购单发出订购单。货物运达后,验收部门根据订购单的要求验收货物,并编制一式多联的连续编号的验收单。仓库人员根据验收单验收货物,在验收单上签字后,将货物移入仓库加以保管。验收单上有数量、品名、单价等要素。验收单一联交采购部登记采购明细账和编制付款凭单,付款凭单经批准后,及时交会计部;一联交会计部登记材料明细账;一联由仓库保留并登记材料明细账。会计部根据只附验收单的付款凭单登记有关账簿。

(4) 会计部审核付款凭单后,按约定时间支付采购款项。支付货款时,由会计人员开出付款凭证,交出纳员办理付款手续;出纳员付款后,在进货发票上加盖"付讫"戳记,再转交会计人员记账。

(5) ABC 公司股东大会批准董事会的投资权限为 1.5 亿元以下,董事会的决定由总经理负责实施。总经理决定由证券部负责总额在 1.5 亿元以下的股票买卖。ABC 公司规定:公司划入营业部的款项需由证券部申请、会计部审核,在总经理批准后会计部将资金划转入公司在营业部开立的资金账户。经总经理批准,证券部从营业部资金账户支取款项要有会计部的审核,且证券买卖、资金存取的会计记录都由会计部处理。

(6) 审计人员在了解和测试投资的内部控制制度后发现:证券部在某营业部开户的有关协议及补充协议已经过会计部审核。根据总经理的批准,会计部已将 1 亿元汇入该户。证券部处理证券买卖会计记录,月底将证券买卖清单交给会计部,会计部再据以汇总登记。

(7) 计划部根据批准,签发预先编号的生产通知单。生产部根据生产通知单填写一式四联的领料单。仓库发料后,其中一联留存,一联连同材料交还领料部,其余两联经仓库登记明细账后送会计部进行材料收发核算和成本核算。

(8) ABC 公司设立了内部审计部。该部直接对董事长负责,每年对子公司和各营业部进行审计,并出具内部审计报告。审计人员获取了 2023 年度所有的内部审计报告,经抽查表明,内部审计报告指出了公司内部控制存在的缺陷,并提出了改进意见。

(9) ABC 公司设立现金出纳员和银行出纳员。银行出纳员负责到银行送取支票等票据,并登记银行存款日记账。月底银行出纳员取得银行对账单并编制银行存款余额调节表;员工报销需根据审批手续报批,会计部对报销单据加以审核,现金出纳员见到加盖核准印章的支出凭据后付款。

(10) ABC 公司未描述的其他内部控制无论是在设计方面还是在运行方面都不存在缺陷。

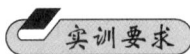实训要求

(1) 根据上述摘录,请指出 ABC 公司内部控制的缺陷,并提出改进建议。

(2) 根据上述材料,审计人员应该如何评价 ABC 公司的控制风险,采用何种实质性程序(扩大还是缩小),以及需要何种审计证据(多还是少)?

分析提示:

(1) 会计人员甲同时登记产成品总账和明细账,不相容职务未进行分离,注册会计师应建议 ABC 公司由不同的会计人员登记产成品总账和明细账。销售发票未连续编号,无法保证所有销售业务都已记录或未被重复记录,注册会计师应建议 ABC 公司对销售发票进行连续编号。

(2) 付款凭单只附验收单,而未附订购单及供应商的发票等其他单据,会计部门无法核对采购事项是否真实,登记有关账簿时在金额或数量上就可能会出现差错,注册会计师应建议 ABC 公司将订购单和发票等与付款凭单一起交予会计部。

(3) 证券部自己处理证券买卖的会计处理,业务的执行与记录的不相容职务未分离,并且未得到适当的授权与批准,月末会计部汇总登记证券投资记录,未及时按每一种证券分别设立明细账并进行详细核算,注册会计师应建议 ABC 公司由会计部对投资进行核算,及时分品种设立明细账以进行详细核算。

(4) 银行出纳员编制银行存款余额调节表,不相容职务未分离,凭证和记录未得到控制,注册会计师应建议 ABC 公司银行存款余额调节表由出纳员以外的其他会计人员编制。

实训二　评估重大错报风险

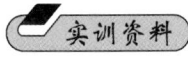实训资料

会计师事务所接受 ABC 公司的委托,审计其 2023 年度的财务报表。公司 2022 年度

是由 K 会计师事务所审计的，K 会计师事务所对 2022 年度的财务报表出具了带强调事项段的保留意见。在接受委托之前，主管此项业务的会计师事务所合伙人 A 注册会计师经公司的允许与 K 会计师事务所进行了沟通，了解到公司的一些信息。以下为 A 注册会计师了解的部分信息：

(1) ABC 公司是一家高新技术企业，拥有多项高新技术，在高新行业内属于佼佼者。

(2) 日益激烈的市场竞争与国际高新技术企业的加入使公司变现能力和盈利能力恶化。

(3) 公司的管理层最大限度地"挤压利润"，竭尽全力地使报告的收入和每股收益最大化。在 2022 年度，公司的收入被 K 事务所的注册会计师调减了 1 000 万元，占原报告收入的 25%，同时利润被调减 300 万元，占原报告的 50%。

(4) 公司管理层不愿意接受审计调整；董事会中无审计委员会，内部审计部门形同虚设。

(5) 公司大多数交易采用计算管理系统进行核算，核算系统内部控制政策和程序比较健全，但对资产的控制很差；最近实现的电算化系统中的固定资产记录并不是很准确。而且，该公司银行账户也安排银行出纳人员全负责。

(6) 公司 2022 年度财务报表附注中提到了一起由该公司竞争对手所提起的诉讼，称 ABC 公司某项高新技术的知识产权存在侵权问题。K 会计师事务所在 2022 年度审计报告中增加了一个强调说明段，表示了对 ABC 公司持续经营能力的怀疑。

(7) ABC 公司 2020—2022 年 3 年的总收益水平持续下降，但非经营活动收益率呈上升趋势，2023 年度未经审计的净收益比 2022 年度有大幅上升，同时增长幅度最大的是经营活动收益率。

实训要求

请结合上述材料回答以下问题：

(1) 根据所了解的情况，你认为 ABC 公司的重大错报风险水平是高、中还是低？为什么？

(2) 根据题目所给的信息，你认为 ABC 公司认定层次的重大错报风险集中的领域有哪些？

分析提示：

(1) ABC 公司财务报表层次的重大错报风险应评估为高水平，主要理由如下。

第一，从 2022 年度审计的结果来看，ABC 公司被出具了带强调事项段的保留意见，负责审计的 K 会计师事务所在强调事项段中表达了对其持续经营能力的关注;而且,其收入在 2022 年度被调减 1 000 万元,占原报告收入的 25%,同时其利润被调减 300 万元,占原报告的 50%,这些都是公司 2023 年度财务报表可能存在重大错报的信号。

第二,从对公司基本情况及其环境的了解来看,其 2023 年度的财务报表重大错报风险较高,风险具体表现在:公司处于行业领先地位,但市场竞争和国际高新技术企业的压力造成其盈利能力与变现能力恶化,管理层很有可能受到外界压力,在财务报表中舞弊;管理层拒绝接受对 2022 年度的审计调整,其诚信需要加以考察;公司缺少审计委员会,治理结构不健全;内部审计部门形同虚设,会计信息的可靠性可能存在问题;与竞争对手的诉讼将使其持续经营能力面临威胁;2020—2022 年的总体收益率下降,非经营活动收益率反而上升,说明公司经营活动收益率下降迅速,但是 2023 年度未经审计的财务报表显示经营活动收益率大幅上扬,重大错报风险较高等。

(2) 公司财务报表可能存在重大错报的领域包括收入确认、固定资产计价、银行存款。

实训三　了解风险评估程序

实训资料

ABC 公司曾是美国全球领先的塑料制品生产商,其产品包括储藏罐和垃圾箱等。在 20 世纪 90 年代中期,该公司连续数年的年平均增长率超过 14%,且连续 3 年被《财富》杂志评选为"美国最受欢迎的企业"。对 ABC 公司进行战略分析后发现,该公司对原油价格的波动非常敏感,因为塑料制品的一个重要原料是树脂,而树脂是由原油炼制而成的。但 ABC 公司并没有采取任何控制原材料风险的措施——既没有集中采购,又没有与供应商签订长期的购买合同。而实际上,该公司是世界上最大的树脂消费商之一,以其采购规模,完全可以通过谈判获得更加优惠的价格。但是该公司并没有利用集中采购所能赋予它的定价能力,而是在全球 12 个地方分别采购原材料。当原油价格上涨时,ABC 公司只能把增加的成本转嫁给客户。

该公司也未能够有效管理与最大客户——世界上最大的零售商沃尔玛的关系。沃尔玛拒绝接受价格上涨,并把 ABC 公司的产品放在了较差位置的货架上,而将 ABC 公司的低价竞争对手 DEF 公司的产品置于最佳位置的货架上。

ABC 公司战略方面的问题是制定的利润增长目标太高——试图维持 14% 的年

增长率。实现目标的困难给管理层带来了巨大的压力,而这一点对于内部控制环境十分不利。同时,它在欧洲的扩张也遭遇了挫折。

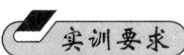

通过上述资料,分析 ABC 公司存在哪些方面的风险。在分析的过程中,注意理解风险评估程序在整个审计工作过程中的重要作用。

分析提示:

基于上述的情况来看,审计师可以作出合理的财务业绩预期,如销售增长放缓、销售毛利收窄、利润降低、研发费用需要增加等。假如出现与预期不一致的情形,比如这一年的销售毛利反而比去年增加了等现象,审计师就要加以注意。

同时,审计师估计 ABC 公司可能会通过降低产品质量来降低产品成本,从而达到业绩增长的目标。这就需要对产品成本结构进行深层次的分析,判断该公司是否有通过改变产品配方来压缩成本的行为。如果发现产量过大且销售不利,那么公司库存理论上会有所增加。在资本结构方面,该公司在欧洲投资失败,这些资本是否作为坏账冲销掉。以上几种情况都需要审计师加以考虑。

实训四　风险的应对

实训资料

ABC 公司为国内一家拟首次发行股票并上市的股份公司,主要从事天然彩棉的研究和开发。公司的主要产品为以天然彩棉为核心的初级产品及终端产品,初级产品包括彩棉种子、彩色皮棉等,终端产品包括彩色棉纱、彩棉服装等。ABC 公司重要财务数据(未审数)如表 2-17 所示。

表 2-17

ABC 公司重要财务数据(未审数)　　　　　　单位:万元

项目	2024 年 2 月月末	2023 年年末	2022 年年末	2021 年年末
资产总额	48 979	48 805	27 300	17 905
其中:存货	25 098	25 169	13 441	11 965
应收账款	5 237	4 392	3 453	699
主营业务收入	1 848	17 216	10 069	5 617
主营业务利润	867	6 911	2 802	825

(续表)

项目	2024年2月月末	2023年年末	2022年年末	2021年年末
其中：种子利润		3 971	2 359	
毛利润	47%	40%	28%	15%
净利润	234	3 702	1 409	202

1. 存货及主营业务成本

（1）盘点结果：存货数量账实基本相符。

（2）产品成本计算和结转方法：对联产品成本的计量，按照联产品销售市价比例法确定各产品的入账成本，符合有关规定；存货的发出计价和成本结转采用加权移动平均法按月进行计算。

（3）存货期末价值：期末市价均高于成本，无需计提存货跌价准备。

2. 收入

（1）合同显示，2021年以前公司提供种子给种植单位，按照合同的约定价格收购籽棉，并保证种植单位每亩收益不低于100元，不足部分由公司补足，此时向种植单位转移种子未做销售处理。

（2）2021年12月，公司取得种子经营许可证后，合同明确了种子销售给种植单位以后，不再保证种植单位最低收益，公司仅按合同约定价格收购籽棉。公司具体确认种子收入的时点为销售合同已签订、棉种已出库转移给对方、发票已开出或价款已收到。

（3）注册会计师未发现重大问题，据此出具了标准无保留意见的审计报告。

实训要求

根据以上的实训材料和分析，利用对风险评估及应对的理解和掌握，对材料中存在的问题进行讨论，并提出合理的审计建议。

分析提示：

1. 行业环境的分析

天然彩棉为高科技项目，处于开发初期，国内外同类产品的开发应用也处在尚未成熟、未大规模推广的阶段，该阶段特点为：研发费用高昂、规模经济效益尚未形成；虽然产品符合人们对于天然环保潮流的追求，但是能否成为传统白色棉花的替代品或以后棉纺织品的主流无法定论，经营前景存在较大的不确定性；公司是国内较早推出该产品的企业之一，且经营规模是国内最大的。

2. 企业经营活动的性质分析

公司的主要产品为彩色棉花的研究开发和相关产品的生产销售。该产品为天然彩色,符合人们对于天然环保潮流的追求,但与传统的白色棉花相比,使用价值与经济价值上的比较优势不明显。不过,财务报表显示,其主要产品的毛利率接近50%,远远超过传统白色棉花产业的平均水平。由于开发初期的科研开发费用高昂、规模经济效益尚未形成,高额的利润率存在质疑的理由。

3. 经营模式的分析

公司的初级产品是彩棉种子、彩色皮棉等,采取销售彩棉种子给各种植单位,然后收购籽棉,加工成彩色皮棉、棉种等系列产品再进行销售的方式。终端产品为彩色棉纱、彩棉服装等,也采取向加工单位提供彩色皮棉等原材料,加工成各种终端产品后,由公司统一对外销售的方式。显然,公司的主要经营模式为委托加工。

4. 重要的会计政策分析

(1) 收入确认分析。公司属于委托加工模式,公司所生产的原材料或初级产品的对外转移,在实质上不构成销售,在此阶段不能确认相关销售收入。然而,同为委托加工,ABC公司对交易确认的方法横向、纵向的不一致,已经显示出其操纵利润的迹象。加之种子的销售利润分别占2021年度、2022年度主营业务利润的84.19%、57.46%,占公司净利润的167%、107%。因此,基本上可以判定ABC公司在操纵收入。

(2) 成本确认与计量的分析。ABC公司按照联产品的销售市价比例法来计算联产品的成本,用加权移动平均法计算产品成本的结转。表面上产品成本的确认符合有关规定,但从行业环境角度来看,由于ABC公司在国内处于垄断地位,销售价格实际上完全由公司自行确定,相关的产品售价并非真正意义上的市场价格,缺乏一定的公允性,在此价格基础上确定的联产品成本失去了可靠的基础。

同样,虽然存货期末价值根据报告日前后的销售发票验证,表明了存货的期末价值均高于成本价,但由于此市价实际上并非真正意义上的市场公允价格,存货跌价准备的确定也存在着一定的问题。

实训五 舞弊风险的评估与应对

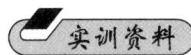

ABC公司近期发生以下行为活动。

(1) 公司食品零售店的兼职雇员从后门将成箱的啤酒偷运给他的朋友。

（2）公司销售员为了赢得一场以提交申请表数量为依据的销售竞赛，在申请表中填写的承保年限远远超出顾客要求。销售竞赛结束后，他告诉承保部门填写有误，然后修改承保年限。

（3）为了避免违反债务契约中的净收益金额规定，公司的首席财务官将存货计价方法由先进先出法改为实际计价法。

（4）复印机售后服务部门经理出于个人目的使用公司车队。

（5）恰好在年底前，分销商的管理层授权将大批预先制作好的CD产品运送给零售商，并允许零售商退回未销售出去的CD产品。分销商将运出的所有CD产品均按照正常销售价格确认了收入。

（6）虽然有证据表明账上部分存货的可实现净值已经降低，应进行冲销，但管理层拖延到下一个报告期间才予以冲销。

（7）设备管理员经常将工具带回自己的家中使用，并且未将大多数工具还回厂里。

（8）财务副总经理说服首席执行官不向董事会披露债券投资组合价值下降的详细情况。

实训要求

（1）分辨上述哪些行为属于管理层舞弊，哪些属于员工舞弊，并指出两者如何区分。

（2）指出上述各种情景最可能导致的重大错报。

（3）针对各种可能的舞弊，指出企业应采取的控制措施。

（4）针对各种可能的舞弊，指出注册会计师应当如何查证。

分析提示：

分析要点是管理层舞弊和员工舞弊的区别。尽管管理层舞弊与员工舞弊最大的区别在于舞弊者的职务，但实质上的区别表现在以下几个方面。

（1）动机不同。管理层舞弊的动机包括粉饰财务报表，掩盖经营不善或财务困难、失败，满足获取资本、融资或其他业绩的要求，维持或创造有利的股票价值，实现控制人（大股东或管理者）提高个人收益的目的。员工舞弊的动机主要是追求个人利益。

（2）表现形式不同。管理层舞弊大多表现为财务报表舞弊或财务报表舞弊与挪用资产、腐败兼有。员工舞弊大多表现为挪用资产、腐败。

（3）影响与应对不同。管理层舞弊的破坏性更大，而且往往是上下串通、内外勾结等群体舞弊，容易导致重大错报。因此，对此类舞弊应以完善公司治理和外部监督为主。应对员工舞弊的措施主要是完善内部控制。

资料中属于员工舞弊的事项有事项 1、事项 2、事项 4、事项 7,属于管理层舞弊的事项有事项 3、事项 5、事项 6、事项 8。

课后笔记

实训项目四　销售与收款循环审计

一、实训目的

了解销售和收款循环的主要审计流程;了解销售与收款循环涉及的主要业务活动、主要凭证和会计记录;掌握销售与收款循环的内部控制和控制测试;掌握销售和收款循环的实质性程序。

二、理论知识点

(一) 销售与收款循环的特征

1. 涉及的主要业务活动

(1) 销售部门接受客户订购单。销售部门在接受订货单前应审查客户是否符合管理层授权标准。管理层一般会列出已批准销售的客户名单,订购单只有在符合企业管理层的授权标准时才能被接受。批准客户订购单后,由销售部门编制一式多联的销售单。

销售单是销售交易轨迹的起点,是证明管理层有关销售交易的"发生"认定的凭据之一。

(2) 信用管理部门批准赊销信用。信用管理部门根据管理层的赊销政策在每个客户已授权信用额度内进行赊销批准。收到销售部门的销售单后,应将销售单赊销金额与该客户信用额度及欠款余额加以比较。在信用额度之内的,由系统自动审批或由员工审批;超过信用额度的,由信用管理部门经理会同其他部门负责人集体决策审批。

设计信用批准控制的目的是降低坏账风险,因此,这些控制与应收账款的"计价和分摊"认定有关。

(3) 仓库按销售单供货。向仓库送达一联已批准的销售单,将其作为供货和向装运部门发货的依据。仓库只有在收到经过批准的销售单时才能供货,并将销售单和实物一起交给装运部门。

(4) 装运部门按销售单装运货物。将按经批准的销售单供货与按销售单装运货物职责相分离,有助于避免负责装运货物的职员在未经授权的情况下装运产品。在装运之前,装运部门职员进行独立验证,确定从仓库提取的商品附有经批准的销售单,且所提取商品的内容与销售单一致。装运凭证与销货交易的"存在或发生""完整性"认定有关。

装运部门将从仓库提取的商品与销售单核对无误后装运,并编制一式四联预先连续编号的发运单,其中三联及时分送开具账单部门、仓库和顾客,一联留存装运部门。

（5）销售部门或专门开具账单部门向客户开具账单。开具账单包括编制和向顾客寄送事先连续编号的销售发票。

在开具销售发票之前,应独立检查是否存在装运凭证和经批准的销售单;依据已批准的商品价目表开具销售发票;比较装运凭证上的商品总数与相对应的销售发票上的商品总数;独立检查销售发票计价和计算的正确性。

（6）财务部门记录销售。财务部门只依据附有有效装运凭证和销售单的销售发票记录销售;控制所有事先连续编号的销售发票;独立检查销售发票金额同会计记录金额的一致性;记录销售的职责应与处理销售交易的其他功能相分离;对记录过程中所涉及的有关记录的接触予以限制,以减少未经授权批准的记录发生;定期独立检查应收账款明细账与总账的一致性;定期向客户寄送对账单,要求客户将任何例外情况直接向指定的未执行或记录销售交易的会计主管报告。

（7）财务部门办理和记录现金、银行存款收入。在办理和记录现金、银行存款收入时,最应关心的是货币资金失窃的可能性。在这方面,汇款通知书起着很重要的作用。采用汇款通知书能使现金立即存入银行,从而提高对资产保管的控制。

（8）办理和记录销售退回、销售折扣与折让。发生折扣与折让须经授权批准,确保与办理此事有关的部门和职员各司其职,分别控制实物流和会计处理。贷项通知单是一种表示由于销售退回或经批准的折让而引起应收销货款减少的凭证。

（9）财务部门注销坏账。某项货款无法收回,就必须注销这笔货款。处理方法是获取货款无法收回的确凿证据,经适当审批后及时作会计调整。坏账审批表是一种用来批准将某些应收款项注销为坏账,仅在企业内部使用的凭证。

（10）财务部门提取坏账准备。坏账准备提取的数额必须能够抵补企业以后无法收回的销货款。

2. 涉及的主要凭证与会计记录

（1）顾客订货单。客户提出的书面购货要求,是一项销售交易实际的起点（法律意义上的起点是销售合同）,是发生认定的证据。

（2）销售单。企业处理客户订购单的内部凭证,列示所订商品的名称、规格、数量及其他有关信息,全程反映销售交易的轨迹。赊销审批、出库、发货、开票、记账都与其相关。

(3) 发运凭证。发运货物时编制的凭据,用以反映发出商品的规格、数量和其他有关内容。一联给客户,其余由企业保留,可用作向客户开具账单的依据。

(4) 销售发票。用来表明已销售商品的名称、规格、数量、价格、销售金额、运费和保险费、开票日期、付款条件等内容。以增值税发票为例,销售发票的两联(抵扣联和记账联)寄送客户,一联由企业保留,后附发运凭证、销售单,传递给财务部门。

(5) 商品价目表。已经授权批准的、可供销售的各种商品的价格清单。

(6) 应收账款账龄分析表。按月编制,反映月末尚未收回的应收账款总额和账龄,并详细反映每个客户月末尚未偿还的应收账款数额和账龄。

(7) 应收账款明细账。记录每个客户各项赊销、还款、销售退回及折让的明细账。

(8) 主营业务收入明细账。记录销售交易的明细账,记载和反映不同类别商品或服务的营业收入的明细发生情况和总额。

(9) 折扣与折让明细账。折扣与折让明细账反映折扣和折让的情况。

(10) 贷项通知单。格式与销售发票相同,表示因销售退回或折让引起应收销货款减少的凭证。

(11) 汇款通知书。注明客户姓名、销售发票号码、销售单位开户银行账号及金额等内容,与销售发票一起寄给客户,由客户在付款时寄回销售单位的凭证。采用汇款通知书能使现金立即存入银行,从而提高对资产保管的控制。

(12) 库存现金日记账和银行存款日记账。记录各种现金、银行存款收入和支出的日记账。

(13) 坏账审批表。用来批准将应收款项注销为坏账,仅在企业内部使用。

(14) 顾客月末对账单。按月寄送给客户,用于购销双方定期核对账目。注明应收账款的月初余额、本月各项销售交易的金额、本月已收到的货款、各贷项通知单的数额及月末余额等内容。

(15) 转账凭证。根据转账业务(不涉及现金、银行存款收付的各项业务)原始凭证编制。

(16) 收款凭证。用来记录现金和银行存款收入业务的记账凭证。

(二) 销售与收款循环的内部控制

对销售与收款循环进行控制测试,了解销售交易的内部控制是十分重要的,这有助于识别控制缺陷和评价控制效果。销售与收款循环中的内部控制主要包括以下五项内容。

(1) 职责分工控制。①主营业务收入与应收账款由不同职员记录。②由不记录账簿的职员定期调节总账和明细账。③经手货币资金的出纳不记录主营业务收入和应收账款记账。④赊销批准职能与销售职能分离。⑤销售、发货、收款三项业务的部门(或岗位)分别设立。⑥谈判人员至少两人,并与订立销售合同的人员相分离。⑦销售人员应当避免接触销货现款。⑧应收票据的取得和贴现必须经保管票据以外的主管人员书面批准。

(2) 授权审批控制。①赊销须经审批。②发货须经审批。③价格须经审批。④在授权范围内进行审批,不得越权审批。

(3) 销货款的催收和定期核对控制。由不负责现金出纳和销售及应收账款记账的人员按月向客户寄发对账单。

(4) 凭证和记录控制。凭证是控制的平台,只有充分的记录手续,才有可能实现其他各项控制目标。

(5) 内部核查程序控制。由内部审计人员或其他独立人员核查销售交易的处理和记录,是实现内部控制目标不可缺少的一项控制措施。

(三) 销售与收款循环的实质性测试

销售与收款循环的实质性测试主要涉及主营业务收入和应收账款账户。

主营业务收入的实质性测试程序包括以下两项:

一项是主营业务收入的分析程序。

(1) 比较本期与上期的主营业务收入,分析主营业务收入及其构成变动是否异常,计算本期重要产品的毛利率,将其与上期预算或预测数据比较,检查各期之间是否存在重大波动,查明原因。

(2) 比较本期各月各类主营业务收入的波动情况,分析其变动趋势是否正常,是否符合被审计单位季节性、周期性的经营规律,查明产生异常现象和重大波动的原因。

(3) 将本期重要产品的毛利率与同行业企业进行对比分析,检查是否存在异常。

(4) 根据增值税发票申报表或普通发票估算全年收入,并将其与实际收入金额进行比较。

另一项是实施销售的截止测试。

(1) 通过测试资产负债表日前后若干天一定金额以上的发运凭证,与应收账款和收入明细账核对;同时,从应收账款和收入明细账选取在资产负债表日前后若干天一定金额以上的凭证,与发运凭证核对,确定销售是否存在跨期现象。

(2) 复核资产负债表日前后销售和发货水平,确定业务活动水平是否异常,考虑是否追加实施截止测试。

(3)取得资产负债表日后所有销售退回记录,检查其是否存在(退回后冲减当月销售收入而不是上年度收入)提前确认收入的情况。

(4)结合对资产负债表日应收账款的函证程序,检查有无未取得对方认可大额销售的情况。

应收账款的实质性测试程序包括以下两项:

一项是运用实质性分析程序识别应收账款重大错报风险,检查应收账款相关的财务指标。

(1)复核应收账款借方发生额与主营业务收入关系是否合理,并将当期应收账款借方发生额占销售收入净额的百分比与管理层考核指标和被审计单位相关赊销政策比较。

(2)计算应收账款周转率、应收账款周转天数等指标,并将其与赊销政策、以前年度指标、同行业同期相关指标对比分析。

另一项是函证应收账款。

(1)函证的必要性。除非有充分证据表明应收账款对被审计单位财务报表而言是不重要的,或函证很可能是无效的,否则,注册会计师应当对应收账款进行函证。

(2)函证时间的选择。通常以资产负债表日为截止日,在资产负债表日后适当时间进行函证。如重大错报风险低,可选择资产负债表日前的适当日期为截止日,并对自该截止日起至资产负债表日止发生的变动实施实质性程序。

(3)函证的对象。①大额或账龄较长的项目。②与债务人发生纠纷的项目。③重大关联方项目。④主要客户(包括关系密切的客户)项目。⑤交易频繁但期末余额较小甚至余额为零的项目。⑥可能产生重大错报或舞弊的非正常的项目。

(4)函证的方式。函证的方式包括积极式函证和消极式函证。

采用积极的函证方式时,注册会计师应当要求被询证者在所有情况下必须回函,确认询证函所列示信息是否正确,或填列询证函要求的信息。积极式函证分为两种:在询证函中列明拟函证的账户余额或其他信息,要求被询证者确认所函证的款项是否正确;在询证函中不列明账户余额或其他信息,要求被询证者填写有关信息或提供进一步信息。

采用消极的函证方式时,注册会计师只要求被询证者在不同意询证函列示信息的情况下才予以回函。

(5)函证的控制。注册会计师必须对函证过程进行控制,要求债务人直接回函,并根据回函情况编制与分析函证结果汇总表。对未回函的,注册会计师应考虑是否再次发函;如果认为函证很可能无效,则应当实施替代审计程序。

三、实训内容

实训一 销售与收款循环的控制测试

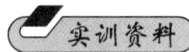

ABC 有限公司主要从事小型电子消费品的生产和销售,产品销售以公司仓库为交货地点。公司日常交易采用自动化信息系统(以下简称系统)和手工控制相结合的方式进行。系统多年以来没有发生变化。公司产品主要销售给国内各主要城市的电子消费品经销商。注册会计师负责审计公司 2023 年度财务报表。

资料一 注册会计师在审计工作底稿中记录了其所了解的公司及其环境的情况,部分内容摘录如下。

(1) 在 2022 年度实现销售收入增长 10%的基础上,公司董事会确定了 2023 年度销售收入增长目标为 20%。公司管理层实行年薪制,总体薪酬水平根据上述目标的完成情况上下浮动。公司所处行业 2023 年度的平均销售增长率是 12%。

(2) 公司财务总监已为公司工作超过 6 年,于 2023 年 9 月劳动合同到期后被公司的竞争对手高薪聘请。由于工作压力大,公司会计部门人员流动频繁,除会计主管服务期超过 4 年外,其余人员的平均服务期少于 2 年。

(3) 公司的产品面临快速更新换代的压力,市场竞争激烈。为巩固市场占有率,公司于 2023 年 4 月将主要产品(C 产品)的销售价格下调了 8%~10%。另外,公司在 2023 年 8 月推出了 D 产品(C 产品的改良型号)。因 D 产品市场表现良好,公司计划在 2024 年全面扩大 D 产品产量,并在 2024 年 1 月停止 C 产品的生产。为了加快资金流转,公司于 2024 年 1 月针对 C 产品开始实施新一轮的降价促销,平均降价幅度达到 10%。

(4) 公司销售的产品均由经客户认可的外部运输公司实施运输,运费由公司承担,但运输途中风险仍由客户自行承担。由于受能源价格上涨影响,2023 年的运输单价比上年平均上升了 15%,但运输商同意将运费结算周期从原来的 30 天延长至 60 天。

(5) 2023 年度公司主要原料的价格与上年基本持平,供应商也没有大的变化,但由于技术要求发生变化,D 产品所耗高档金属材料比 C 产品略有上升,故 D 产品的原材料成本比 C 产品上升了 3%。

(6) 除了于 2021 年 12 月借入的 2 年期、年利率 6%的银行借款 5 000 万元,公司没有其他借款。上述长期借款专门用于扩建现有的一条生产线,以满足 D 产品的生产需要。该生产线总投资 6 500 万元,2021 年 12 月开工,2023 年 7 月完工并投入使用(假设不考虑利息收入)。

资料二 注册会计师在审计工作底稿中记录了公司财务数据,部分内容摘录如表 2-18 所示。

表 2-18

ABC 有限公司部分财务数据　　　　　　　单位:万元

项目	2023 年		2022 年	
	C 产品	D 产品	C 产品	D 产品
产成品	2 000	1 800	2 500	0
存货跌价准备	0		0	
主营业务收入	18 500	8 000	20 000	
主营业务成本	17 000	5 600	16 800	
销售费用——运输费	1 200		1 150	
利息支出	300		25	
减:利息资本化	250		25	
净利息支出	50		0	

资料三 注册会计师在审计工作底稿中记录了其所了解的有关销售与收款循环的控制,部分内容摘录如下:

(1)仓库人员在系统中根据经销售部门批准的客户订单生成连续编号的发货单,并在将产品交运输商发运后,将发货单设置为"已执行"状态并提交结算部门。结算部门根据系统中的"已执行"发货单记录订单及相关客户基础资料,在系统中生成并打印销售发票,系统在月末根据发货单和发票信息自动汇总主营业务收入,并据此过入应收账款和主营业务收入账簿。

(2)每月月末,系统自动匹配发货单、订单、发票和入账的主营业务收入,并可以生成一个专门报告反映未匹配项目的清单。系统授权可以生成和阅读该报告的人员是公司销售部经理和总经理。

资料四 注册会计师对销售与收款循环的内部控制实施测试,并在审计工作底稿中记录了测试情况,部分内容摘录如下:

(1) 注册会计师观察了结算部门人员根据发货单在系统中开具发票的过程,并从 2023 年度主营业务收入明细账中选取销售记录实施测试,未发现异常。

(2) 注册会计师询问了总经理和部门经理有关资料三中第(2)项控制的运行情况,他们均表示由于以前月份很少发现不匹配情况,因此,从 2023 年 6 月以后就没有再实际生成和阅读上述专门报告。在注册会计师的要求下,销售部经理在系统中生成了截至 2023 年 12 月 31 日的专门报告,注册会计师没有发现存在不匹配的事项。

资料五　注册会计师对公司销售和收款循环的内部控制进行了解和测试,并在相关工作底稿中记录了了解和测试的事项,摘录如下:

(1) 根据批准的顾客订单,销售部编制预先连续编号的销售单。销售单需经销售部被授权人员批准。

(2) 仓库部门根据批准的销售单供货,并编制一式四联预先连续编号的发运凭证。

(3) 会计部门由财务部丁职员登记销售收入和应收账款明细账。

(4) 由负责登记应收账款备查簿的人员在每月月末定期给顾客寄送对账单,并对顾客提出的异议进行专门追查。

实训要求

(1) 针对资料一第(1)项—第(6)项,结合资料二,假定不考虑其他条件,请逐项指出资料一所列事项是否表明可能存在重大错报风险。如果认为存在,请简要说明理由,并分别说明该风险是属于财务报表层次还是认定层次。如果认为属于认定层次,请指出相关事项与何种交易或账户的何种认定相关。

(2) 针对资料三第(1)项—第(2)项,请逐项指出上述控制与何种交易或账户的何种认定相关。

(3) 针对资料三第(1)项—第(2)项,假定不考虑其他条件,请逐项判断上述控制在设计上是否存在缺陷。如果存在缺陷,请分别予以指出,并简要说明理由,提出改进建议。

(4) 针对资料四第(1)项—第(2)项,假定不考虑其他条件,请逐项指出上述测试结果是否表明相关内部控制得到有效执行。如果表明相关内部控制未能得到有效执行,请简要说明理由。

(5) 针对资料五第(1)项—第(4)项,请代注册会计师指出公司在销售与收款循环内部控制方面的缺陷,并提出改进建议。

(6) 针对资料一第(1)项—第(6)项,结合资料三和资料四,假定不考虑其他条件,请判断资料三所列控制在防止或发现根据资料一识别的认定层次重大错报风险是否有效果。如果有效果,请指出资料三所列控制与识别的认定层次重大错报风险的对应关系,并简要说明理由。

实训二　主营业务收入的实质性测试

实训内容

(1) 找出销售业务的处理中存在的问题,并提出审计意见。
(2) 进行截止测试,指出存在的问题。
(3) 对主营业务收入实施分析程序:比较本期与前期的主营业务收入和产品销售毛利率,比较本期各月主营业务收入的波动情况,分析其变动是否正常。

实训资料

资料一　注册会计师在审查公司销售业务时发现,2023年年末某经销商采用交款提货方式购买甲产品100件。每件甲产品生产成本800元,每件售价1 000元。公司已收到货款,发出货物并已开具发票和发运凭单。经销商在验收时发现该批产品质量不符合合同要求,双方尚未就解决方案达成一致意见。该公司2023年12月将销售的100件甲产品全部确认为销售收入,并同时结转主营业务成本。

实训要求

指出该公司在销售业务的处理中存在的问题,并提出审计意见。(该公司增值税税率为13%)

资料二　注册会计师在审计公司的业务收入时,决定实施截止测试,规定12月31日为截止日,进行测试后发现:

(1) 2023年12月28日开出销售发票,所编制的会计分录如下:

借:应收账款——A公司　　　　　　　　　　　　　　　　　3 670 085
　　贷:应交税费——应交增值税(销项税额)　　　　　　　　　422 222
　　　　主营业务收入　　　　　　　　　　　　　　　　　　3 247 863

借:主营业务成本　　　　　　　　　　　　　　　　　　　1 269 000
　　贷:库存商品——甲产品　　　　　　　　　　　　　　　1 269 000

但 2024 年 1 月 11 日公司做了红字冲销分录。

(2) 2023 年 12 月 30 日从仓库发出商品 880 000 元,并开出销售发票,所编制的会计分录如下:

借:应收账款——B 公司　　　　　　　　　　　　　　3 005 800
　　贷:应交税费——应交增值税(销项税额)　　　　　　345 800
　　　　主营业务收入　　　　　　　　　　　　　　　2 660 000
借:主营业务成本　　　　　　　　　　　　　　　　　880 000
　　贷:库存商品——甲产品　　　　　　　　　　　　　880 000

经查 2024 年 2 月 10 日商品才能到达销售合同中的约定口岸。

(3) 2023 年 12 月 31 日从仓库发出商品 49 000 元,公司没有做相应的会计处理,经查在 2024 年 1 月 5 日开出销售发票,所编制的会计分录如下:

借:应收账款——E 公司　　　　　　　　　　　　　　180 800
　　贷:应交税费——应交增值税(销项税额)　　　　　　20 800
　　　　主营业务收入　　　　　　　　　　　　　　　160 000
借:主营业务成本　　　　　　　　　　　　　　　　　49 000
　　贷:库存商品——甲产品　　　　　　　　　　　　　49 000

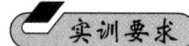

指出公司主营业务收入截止的问题。

资料三　注册会计师对公司 2023 年度的报表进行审计。该公司 2023 年度的产供销形势与 2022 年度相当,该公司未经审计的报表部分内容如表 2-19 所示。

表 2-19　　　　　　　　　　营业收入和营业成本　　　　　　　　　　单位:元

品名	营业收入		营业成本	
	2022 年	2023 年	2022 年	2023 年
产品 1	40 000	41 000	38 000	33 800
产品 2	20 000	20 020	19 000	19 019
合计	60 000	61 020	57 000	52 819

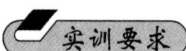

假定上述附注审定无误,请运用专业判断,必要时运用分析程序,指出可能存在

的问题,并说明理由。

实训三 应收账款的实质性测试

实训内容

(1) 运用实质性分析程序识别应收账款重大错报风险。

(2) 根据实训资料选出需要函证的对象,掌握随机数表法应用。

(3) 针对函证样本单位编制应收账款的询证函(积极函证、消极函证)。

(4) 掌握应收账款函证的相关内容。

(5) 编制应收账款函证回函结果汇总表。如果回函存在差异,分析可能产生差异的原因,确定对差异采取进一步的审计程序。

(6) 检查应收账款账龄分析表数字间勾稽关系的正确性。

(7) 掌握坏账准备的实质性程序。

实训资料

资料一 注册会计师负责对2023年度财务报表进行审计。2023年度营业收入为5 000万元。公司主要从事甲产品的生产和销售,无明显产销淡旺季。产品销售采用赊销方式,正常信用期为20天。与销售甲产品相关的应收账款变动记录如表2-20所示。

表2-20

应收账款变动表 单位:万元

日期及摘要	"应收账款"账户		
	借方	贷方	余额
2023年期初余额			300
本期发生额合计	3 000	2 340	
2023年期末余额			960

其中,2023年12月1日赊销甲产品300万元,截至2024年1月31日尚未收款。

实训要求

(1) 运用分析程序识别应收账款是否存在重大错报风险。

(2) 如果存在重大错报风险,指出重大错报风险主要与应收账款哪些认定相关。

资料二 委托人应收账款的编号为0001至5000,审计人员拟利用随机数表选择其中的 160 份进行函证,随机数表如表 2-21 所示。

表 2-21

随机数表

序号	1	2	3	4	5
1	04 734	39 426	91 035	54 939	76 873
2	10 417	19 688	83 404	42 038	48 220
3	07 514	48 374	35 658	38 971	53 779
4	52 305	86 925	10 223	25 946	90 222
5	96 357	11 486	30 102	82 679	57 983
6	92 870	05 921	65 698	27 993	86 406
7	00 500	75 924	33 803	05 286	10 072
8	34 826	93 784	52 709	15 370	96 727
9	25 809	21 860	36 790	76 883	20 435
10	77 487	38 419	20 631	48 694	12 638

实训要求

(1) 以第 2 行、第 1 列数字为起始点,自左往右,以各数的后四位数为准,审计人员选择的最初 5 个样本的号码分别是多少?

(2) 以第 4 行、第 2 列数字为起始点,自上到下,以各数的前四位数为准,审计人员选择的最初 5 个样本的号码分别是多少?

资料三 注册会计师对 2023 年度应收账款明细账进行审查,发现应收账款明细账中有以下两个账户(表 2-22、表 2-23)。

表 2-22

应收账款明细账——益民公司　　　　　单位:元

日期	摘要	借方	贷方	借或贷	余额
1月1日	上年结转			借	8 000
2月17日	售电扇20台,每台200元	4 000		借	12 000
11月25日	收到2月17日电扇款		4 000	借	8 000

注:经查明上年结转 8 000 元,系 2022 年 3 月销售家电材料款。

表 2-23

应收账款明细账——大众商店　　　　　　　　　　单位：元

日期	摘要	借方	贷方	借或贷	余额
1月1日	上年结转			借	2 480
3月6日	收到货款		2 400	借	80
10月19日	售冰箱2台，每台1 240元	2 480		借	2 560
12月6日	收到货款		2 480	借	80

注：经审查上年结转2 480元，系2022年9月销售家用电器款。

实训要求

（1）根据上述两个账户反映的情况，请你推测可能存在的问题。

（2）两个顾客益民公司和大众商店分别采用什么方式进行函证？为什么？

（3）请你拟订两份询证函。

（4）编写该项目的实训小结。

资料四　注册会计师在对应收账款实施函证程序过程中，发生以下事项：

（1）注册会计师对甲公司应收X公司的款项实施了函证程序。因回函显示无差异，注册会计师认可了甲公司管理层对应收X公司款项不计提坏账准备的处理。

（2）因关联方回函的可靠性较低，注册会计师决定不对丁公司应收关联方Y公司的重要款项实施函证程序，在审计工作底稿中记录了不实施函证的理由，并实施了替代审计程序，结果满意。

（3）注册会计师要求被询证的甲公司客户将回函直接寄至会计师事务所，但甲公司客户M公司将回函寄至甲公司财务部，注册会计师取得了该回函，将其归入审计工作底稿。

（4）注册会计师收到的一份应收账款回函显示存在2万元差异，甲公司管理层解释系销售返利金额尚未商定所致，因差异较小，注册会计师将询问结果记录于审计工作底稿，未实施其他审计程序。

实训要求

针对上述第（1）项—第（4）项，逐项指出注册会计师的做法是否恰当。如不恰当，简要说明理由。

资料五 注册会计师对截至 2023 年 12 月 31 日应收账款实施函证程序,抽取样本 20 个,其中 15 个客户应收账款账面余额合计 284 005 600 元,与回函结果一致,另 5 个客户的情况如下:

(1) J 公司欠款 1 600 万元,收到对方询证回函声明,已于 12 月 28 日由银行汇出 1 600 万元。

(2) W 公司欠款 1 800 万元,收到询证回函称"经核查我方账面仅欠贵方 1 000 万元",双方差额为 800 万元,被审计单位财务报表报出前未能核对清楚。

(3) B 公司欠款 2 500 万元,虽已发出函证,但未收到回函。

(4) C 公司欠款 150 万元,收到对方询证回函称"已于 10 月份预付货款 250 万元,足以抵付欠款"。

(5) D 公司欠款 100 万元。收到对方询证回函称"所购货从未收到"。

于是,注册会计师甲又实施以下程序进行判断:

(1) 查阅有关凭证,证实 J 公司欠款确已于次年度的 1 月 3 日入账。

(2) 查明双方差额 800 万元的原因是:该款已于 2023 年 12 月 31 日收到,该公司尚未进行会计处理。

(3) 采用替代程序证实 B 公司欠款 2 500 万元。

(4) 检查预收货款确实收到并已入账,同时检查能够抵付欠款,提请 C 公司作调整会计分录。

(5) 审核货运文件等资料以查明货物是否已发出,证实货物尚未发出。

函证样本占总户数的 20%,抽取样本占期末总额比例为 27%,全部应收账款余额为 128 005 600 元。

实训要求

(1) 请代注册会计师编制"应收账款函证情况分析表"(表 2-24)。

(2) 编写该项目的实训小结。

表 2-24
应收账款函证情况分析表

被审计单位名称:　　　　　　　财务报表期间:　　　　　　　工作底稿索引号:
编制人及复核人签字

编制人:	日期:
复核人[如项目经理/项目负责人]:	日期:
项目质量控制复核:	日期:

(续表)

证单位	账面余额	收到回函		未收到回函	未确认金额	备注
		直接确认	实施追加程序后确认	通过替代程序确认		
合　计						
审计结论						

资料六 注册会计师对公司 2023 年度的报表进行审计。该公司 2023 年度的产供销形势与 2022 年度相当,以下为该公司未经审计的报表部分内容。

坏账核算的会计政策:根据债务人的信用情况按期末应收账款余额的 5% 计提。应收账款账龄分析表如表 2-25 所示。

表 2-25

应收账款账龄分析表

附注:坏账准备/应收账款 52.77/16 553

账龄	应收账款(元)	
	年初数	年末数
1 年以内	8 392	10 915
1～2 年	1 186	1 399
2～3 年	1 161	1 365
3 年以上	1 421	2 874
合计	12 160	16 553

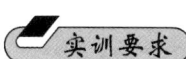

实训要求

假定上述附注审定无误,请运用专业判断,必要时运用分析程序,指出账龄分析表中存在的不合理之处,并说明理由。

实训四 坏账准备的实质性测试

资料一 公司年末"应收账款"总账余额为300 000元,其所属明细账中的借方余额合计数为320 000元,贷方合计数为20 000元。其他应收款总账余额为3 000元。本期发生坏账2 850元,企业坏账准备计提比例为1‰,企业年末坏账准备计提金额为3 030元。具体情况如表2-26所示。

表2-26

坏账准备　　　　　　　　　　　　　　　　　单位:元

发生坏账	2 850	期初余额 坏账准备计提	300 3 030
		期末余额	480

(1) 根据上述资料,指出坏账准备计提是否正确,并说明原因。

(2) 提出调账意见。

课后笔记

实训项目五 购货与付款循环审计

一、实训目的

了解购货与付款循环的主要审计流程;了解购货与付款循环涉及的主要业务活动、主要凭证和会计记录;掌握购货与付款循环的内部控制要点和控制测试的主要方法;掌握应付账款、固定资产、累计折旧的实质性程序。

二、理论知识点

(一) 购货与付款循环的特征

1. 涉及的主要业务活动

(1) 请购商品和劳务。请购单是采购交易的起点,是证明有关采购交易的"发生"认定的凭据之一。谁请购,谁填写。仓库、其他部门都可以编制请购单。

(2) 采购部门编制订购单。采购部门只对经过批准的请购单发出订购单。订购单填写所需商品品名、数量、价格、厂商名称和地址等,预先顺序编号并经过被授权的采购人员签名。

订购单正联送交供应商,副联分别送至验收部门、应付凭单部门和请购部门。随后,应独立检查订购单的处理,以确定是否确实收到商品并正确入账。这项检查与采购交易的"完整性"和"发生"认定有关。

(3) 验收商品。验收部门编制一式多联、预先连续编号的验收单,以此作为验收和检验商品的依据。验收单是支持资产或费用及与采购有关的负债的"存在或发生"认定的重要凭证,有助于制约"假采购、真付款,贪污款项"。定期独立检查验收单的顺序编号以确定每笔采购交易都已编制付款凭单并入账,这与采购交易的"完整性"认定有关。

(4) 储存已验收的商品。将已验收商品的保管与采购的其他职责相分离,可减少未经授权的采购和盗用商品的风险。存放商品的仓储区应相对独立,限制无关人员接近。这些控制与商品的"存在"认定有关。

(5) 编制付款凭单。记录采购交易之前,应付凭单部门应编制付款凭单。

确定供应商发票的内容与相关的验收单、订购单的一致性;确定供应商发票计算的准确性;编制有预先顺序编号的付款凭单,并附上支持性凭证;独立检查付款凭单计算的准确性;在付款凭单上填入应借记的资产或费用账户名称;由被授权人员在凭单上签字,以示批准照此凭单要求付款。

这些控制与"存在""发生""完整性""权利和义务"和"计价和分摊"等认定有关。

(6) 确认与记录负债。会计部门在登记入账前要对付款凭单进行监督。

(7) 付款。

(8) 记录现金、银行存款支出。会计部门编制付款记账凭证,并据以登记银行存款日记账及其他相关账簿。

2. 涉及的主要凭证与会计记录

(1) 请购单。由产品制造、资产使用等部门的有关人员填写后送交采购部门,申请购买商品、劳务或其他资产的书面凭证。

(2) 订购单。由采购部门填写后向另一企业购买指定的商品、劳务或其他资产的书面凭证。

(3) 验收单。收到商品、资产时,验收部门统一编制事先连续编号的凭证,列示从供应商处收到的商品、资产的种类和数量等内容。

(4) 卖方发票。由供应商开具,载明发运的货物或提供的劳务、应付款金额和付款条件等。

(5) 付款凭单。由应付凭单部门编制,载明已收到的商品、资产或接受的劳务,应付款金额和付款日期。付款凭单是采购方企业内部记录和支付负债的授权证明文件。

(6) 转账凭证。转账凭证是指记录转账交易的记账凭证,它是根据有关转账交易(即不涉及库存现金、银行存款收付的各项交易)的原始凭证编制的。

(7) 付款凭证。付款凭证包括现金付款凭证和银行存款付款凭证,是财务部门用来记录库存现金和银行存款支出交易的记账凭证。

(8) 应付账款明细账。

(9) 库存现金日记账和银行存款日记账。

(10) 供应商对账单。供应商对账单是供应商对有关交易的陈述,如果不考虑买卖双方在收发货物上可能存在的时间差等因素,其期末余额通常应与采购方相应的应付账款期末余额一致。

(二) 购货与付款循环的内部控制

1. 适当的职责分离

请购与采购职务分离;询价与确定供应商分离;采购合同的订立与审批分离;采购与验收人员分离;采购、存储和使用人与账簿记录人分离;付款审批与付款执行分离;记录付款人与付款人分离。

2. 正确的授权审批

请购单要经过审批；采购款项的支付要经过有关授权人员的审批。

3. 充分的凭证和记录

同一事项的请购单、订购单、验收单及供应商的发票要一应俱全，并且订购单和验收单应事先连续编号并登记入账，企业使用的购货业务应及时准确登记入账。

（三）应付账款的实质性程序

1. 应付账款的实质性分析程序

比较应付账款期末与期初余额，分析波动原因。

分析长期挂账的应付账款，判断被审计单位是否缺乏偿债能力、是否利用应付账款隐瞒利润，以及是否可能无须支付。

计算应付账款与存货的比率、应付账款与流动负债的比率，并与以前年度相关比率对比分析，评价应付账款整体的合理性。

分析存货和营业成本等项目的增减变动，判断应付账款增减变动的合理性。

2. 应付账款函证程序

（1）函证的对象。应付账款通常不进行函证，因为应付账款的主要审计目标是完整性，而函证不能保证查出未记录的应付账款。但是如果控制风险较高，或某应付账款明细账户金额较大、被审计单位处于财务困难阶段，则需函证。

函证时应选择较大金额的债权人，上年度有业务往来而本年度没有业务的主要供货商，以及资产负债表日金额不大、甚至为零，但属于重要供应商的债权人，作为函证对象。

（2）函证的方式。最好采用积极函证方式，并具体说明应付金额。

（3）函证的控制与评价。注册会计师必须对函证过程进行控制，要求债务人直接回函，并根据回函情况编制与分析函证结果汇总表。对未回函的，应考虑是否再次发函；如果认为函证很可能无效，应当实施替代审计程序函证。替代程序包括检查决算日后应付账款明细账及库存现金和银行存款日记账，核实其是否已支付，同时检查该笔债务的相关凭证资料，如合同、发票、验收单，核实应付账款的真实性。

3. 查找未付账的应付账款

（1）检查债务形成的相关原始凭证，如供应商发票、验收报告或入库单等，检查是否未及时入账。

（2）检查资产负债表日后应付账款明细账贷方发生额的相应凭证，关注其购货发票的日期，确认其入账时间是否合理。

（3）获取供应商对账单，调节对账单和被审计单位财务记录的差异（如在途款项等),查找有无未入账的应付账款。

(4) 针对资产负债表日后付款项目,检查银行对账单、银行汇款通知、供应商收据等,询问知情人员,检查是否未及时入账。

(5) 结合存货监盘,检查资产负债表日前后的验收报告或入库单,检查是否有大额货到单未到的情况,确认相关负债是否计入正确的会计期间。

(四) 固定资产的实质性程序

(1) 固定资产的实质性分析程序。①分类计算本期计提折旧额与固定资产原值的比率,并与上期比较。②计算固定资产修理及维护费用占固定资产原值的比率,并进行本期各月、本期与以前各期的比较。③计算累计折旧占固定资产原值的比率,与折旧率比较。④计算当期计提折旧占固定资产原值的比率,与折旧率比较。⑤计算固定资产减值准备占期末固定资产原值的比率,与期初该比率比较。

(2) 实地检查重要固定资产。实施实地检查程序不仅能确定固定资产是否存在,而且有助于发现固定资产是否存在已报废但仍未核销的情况。实地检查的重点是本期新增的重要固定资产。实地检查范围的确定需要依据内部控制的强弱、固定资产的重要性和注册会计师的经验来判断。首次接受审计,应扩大检查范围。

(3) 检查固定资产的所有权或控制权。①对外购的机器设备等,审核采购发票、采购合同等。②对房地产,查阅合同、产权证明、财产税单、抵押借款还款凭据、保险单等。③对融资租入的固定资产,验证融资租赁合同。④对汽车等运输设备,应验证有关运营证件等。⑤为确定固定资产是否受留置权限制,还应审核负债项目。

(4) 检查本期固定资产增加的计价、手续和处理。

(5) 检查本期固定资产的减少,查明已减少的固定资产是否已做适当会计处理。

(6) 检查固定资产的后续支出的会计处理是否正确。

(7) 检查固定资产的租赁。

(8) 检查与固定资产相关的借款费用资本化计算。

(9) 确定固定资产在财务报表中的列报与披露。

(五) 累计折旧的实质性程序

(1) 对已计提部分减值准备的固定资产,计提的折旧是否正确。

(2) 已全额计提减值准备的固定资产是否已停止计提折旧。

(3) 因更新改造而停止使用的固定资产是否已停止计提折旧(未停止使用的照提折旧),因大修理而停止使用的固定资产是否照提折旧。

(4) 对资本化的固定资产装修费用是否在两次装修期间与固定资产尚可使用年限两者中较短的期间内单独计提折旧,并在下次装修时将该项固定资产装修余额一次全部计入当期营业外支出。

（5）对融资租入固定资产发生的、按规定可予以资本化的固定资产装修费用，是否在两次装修间、剩余租赁期与固定资产尚可使用年限三者中较短的期间内，采用合理的方法单独计提折旧。

（6）对采用经营租赁方式租入的固定资产发生的改良支出，是否在剩余租赁期与租赁资产尚可使用年限两者中较短的期间内，采用合理的方法单独计提折旧。

（7）未使用、不需用和暂时闲置的固定资产是否按规定计提折旧。

（8）持有待售的固定资产折旧处理是否符合规定。

三、实训内容

实训一　购货与付款循环的控制测试

资料一　注册会计师在审计公司2023年度财务报表时，对购货与付款循环进行了解，形成"购货与付款循环备忘录"（表2-27）。

表2-27

购货与付款循环备忘录

被审计单位名称：　　　　　　财务报表期间：　　　　　　工作底稿索引号：

编制人及复核人签字

编制人：	日期：
复核人［如项目经理/项目负责人］：	日期：
项目质量控制复核：	日期：

内部控制描述	可能存在的缺陷	改进措施
购货由采购部门负责，根据自己填制的采购单采购，货物进厂后由隶属于采购部门的验收部门负责验收		
如果货物验收合格，验收部门就在"采购单"上盖"货已验讫"的印章，交给会计部门付款		
对于验收不合格的货物由验收部门直接退给供货商		
验收后的货物直接堆放在机器旁准备加工		

实训要求

（1）指出可能存在的缺陷及改进措施。

（2）注册会计师是否应对公司购货与付款循环进行控制测试？并说明理由。

实训二 应付账款的实质性测试

资料一 注册会计师在2023年12月25日审查公司"应付账款"明细账时,发现2023年10月13日第134号凭证记录"应付账款"增加113 000元,而2023年10月14日第136号凭证又记录偿还该笔"应付账款"113 000元。因货款支付如此迅速,审查人员怀疑其中有问题,决定进一步对其进行审查。注册会计师首先调阅了10月13日第134号记账凭证(表2-28)。

表2-28

记账凭证

2023年10月13日　　　　　　　　　　　　　　　　　　第134号

摘要	总账科目	明细科目	√	借方金额 百 十 万 千 百 十 元 角 分	√	贷方金额 百 十 万 千 百 十 元 角 分
赊销购买原材料	材料采购			1 0 0 0 0 0 0		
	应交税费	应交增值税(进项税额)		1 3 0 0 0 0 0		
	应付账款					1 1 3 0 0 0 0 0
合计				1 1 3 0 0 0 0 0		1 1 3 0 0 0 0 0

该记账凭证所附单据为供货单位发票一张、合同一份,规定付款期为一个月,如果在10天内付款,给予2%的现金折扣。注册会计师又调阅了10月14日第136号记账凭证(表2-29)。

表2-29

记账凭证

2023年10月14日　　　　　　　　　　　　　　　　　　第136号

摘要	总账科目	明细科目	√	借方金额 百 十 万 千 百 十 元 角 分	√	贷方金额 百 十 万 千 百 十 元 角 分
支付前欠货款	应付账款			1 1 3 0 0 0 0 0		
	银行存款					1 1 0 7 4 0 0 0
	库存现金					2 2 6 0 0 0
合计				1 1 3 0 0 0 0 0		1 1 3 0 0 0 0 0

该记账凭证所附原始凭证为转账支票存根和现金收据两张。

实训要求

(1) 推测可能存在的问题。

(2) 提出进一步实施的审计程序。

资料二 注册会计师在审计公司年度会计报表时,注意到与购货和付款循环相关的内部控制存在缺陷。他们认为公司管理当局在资产负债表日故意推迟记录发生的应付账款,于是决定实施审计程序,进一步查找未入账的应付账款。

实训要求

请问注册会计师应如何查找未入账的应付账款?

资料三 注册会计师审计公司时发现"应付账款——W公司"明细账12月份贷方发生额高达100万元,相当于前11个月的62%,抽查12月6日的第100号凭证,金额为80万元。该记账凭证如表2-30所示。

表2-30

记账凭证

2023年12月6日　　　　　　　　　　　　　　　　　　　　　　　　第100号

摘要	总账科目	明细科目	√	借方金额 百 十 万 千 百 十 元 角 分	√	贷方金额 百 十 万 千 百 十 元 角 分
欠W公司货款	银行存款			8 0 0 0 0 0 0 0		
	应付账款	W公司				8 0 0 0 0 0 0 0
合计				8 0 0 0 0 0 0 0		8 0 0 0 0 0 0 0

其后附有2张原始凭证,一张为银行存款进账单回单(金额为800 000元),另一张为销售发票(金额为800 000元)。

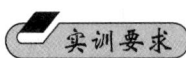

(1) 推测可能存在的问题。

(2) 提出进一步实施的审计程序。

实训三　固定资产和累计折旧的实质性程序

资料一　公司 2023 年度固定资产未大幅变动,与折旧相关的会计政策和会计估计未发生变更。注册会计师在审计工作底稿中记录了有关财务数据,如表 2-31 所示。

表 2-31

财务数据　　　　　　　　　　　　　　　　　　　单位:万元

明细项目	2023 年未审数	2022 年已审数
折旧费用	1 000	1 200

实训要求

(1) 运用分析程序,指出公司是否存在重大错报风险,并说明理由。

(2) 如果存在重大错报风险,请指出其涉及哪些报表项目及认定。

资料二　2024 年 3 月,注册会计师审查公司 2023 年 12 月基本生产车间设备计提折旧情况,在审阅固定资产明细账和制造费用明细账时,发现以下记录:

(1) 11 月末该车间设备计提折旧额为 12 000 元,年折旧率为 6%。

(2) 11 月份购入设备一台,原值为 20 000 元,已安装完工交付使用。

(3) 11 月份将原来未使用的一台设备投入车间使用,原值为 10 000 元。

(4) 11 月份交外单位大修设备一台,原值为 50 000 元。

(5) 11 月份进行技术改造设备一台,当月交付费用,该设备原值为 200 000 元,技改支出 50 000 元,变价收入 20 000 元。

(6) 12 月份该车间设备计提折旧 21 000 元。

实训要求

(1) 假定公司 2023 年 11 月月末计提折旧数正确,验证该公司当年 12 月份计提折旧数是否正确。

(2) 提出审计意见,编制调整分录。

资料三　注册会计师对公司 2023 年度会计报表进行审计。该公司提供的未经审计的 2023 年度合并会计报表中固定资产原价和累计折旧项目附注内容如表 2-32、表 2-33 所示。

固定资产原价和累计折旧项目附注

固定资产原价/累计折旧　　　　　　　　　　　　　2023 年年末余额 49 580/11 296

表 2-32

固定资产原价情况表　　　　　　　　单位：万元

类别	年初数	本年增加	本年减少	年末数
房屋及建筑物	20 930	2 655	21	23 564
通用设备	8 612	1 158	62	9 708
专用设备	10 008	3 854	121	13 741
运输工具	1 681	460	574	1 567
土地	472			472
其他设备	389	150	11	528
合计	42 092	8 277	789	49 580

表 2-33

累计折旧情况表　　　　　　　　　单位：万元

类别	年初数	本年增加	本年减少	年末数
房屋及建筑物	3 490	898	31	4 357
通用设备	863	865	34	1 694
专用设备	3 080	1 041	20	4 101
运输工具	992	232	290	934
土地		15		15
其他设备	115	83	3	195
合计	8 540	3 134	387	11 296

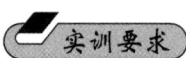
实训要求

根据上述资料，请运用专业判断，指出上述附注内容中存在或可能存在的不合理之处，并简要说明理由。

课后笔记

实训项目六　生产与存货循环审计

一、实训目的

了解生产与存货循环的主要审计流程；了解生产与存货循环涉及的主要业务活动、主要凭证和会计记录；掌握生产与存货循环的内部控制要点和控制测试的主要方法；掌握存货、成本与费用的实质性程序。

二、理论知识点

(一) 生产与存货循环的特征

1. 涉及的主要业务活动

(1) 计划和安排生产。由生产计划部门负责实施，根据客户订购单或对销售预测和产品需求分析来决定生产授权。

(2) 发出原材料。仓库根据生产部门的领料单发出原材料，列示材料的数量、种类和领料部门名称。

(3) 生产。生产部门收到生产通知单及领取原材料后，将生产任务分解到生产工人，并将原材料交给生产工人。

(4) 验收。完成生产任务后，将完成的产品交生产部门查点，然后转交验收部门检验员验收并办理入库手续，或将所完成的产品移交下一个工序。

(5) 储存产成品。产成品入库前，仓库先行点验和检查并在验收单上签收，然后将实际入库数量通知会计部门。

(6) 核算产品成本。实物流转记录是指各种生产记录（生产通知单、领料单、计工单、入库单等文件资料）汇集到会计部门，由会计部门检查、核对，了解和控制存货实物流转。成本会计核算是指会计部门设置相应会计账户，会同有关部门对生产过程中的成本进行核算和控制。

(7) 发出产成品。产成品发出须由独立发运部门进行。装运产成品时必须持有经有关部门核准的销售单，并据此编制出库单。

2. 涉及的主要凭证与会计记录

(1) 生产指令。生产指令又称"生产任务通知单"或"生产通知单"，是企业下令制造产品的书面文件。

(2) 领发料凭证。领发料凭证包括生产部门填写的领料凭证和仓储部门填写的发料凭证。为控制材料发出，凭证还包括材料发出汇总表、领料单、限额领料单、领料登记簿、退料单等。

(3) 产量和工时记录。登记工人或生产班组在出勤时间内完成产品数量、质量和生产这些产品所耗费工时数量的各种原始记录，是存货成本中分配人工费用的依据。

(4) 工薪汇总表及工薪费用分配表。工薪汇总表反映企业全部工薪的结算情况，据以进行工薪总分类核算和汇总整个企业工薪费用，是工薪费用分配的依据。工薪费用分配表反映各生产车间各产品应负担的生产工人工薪及福利费。

(5) 材料费用分配表。汇总反映各生产车间各产品所耗费材料费用的原始记录。

(6) 制造费用分配汇总表。汇总反映各生产车间各产品所应负担制造费用的原始记录。

(7) 成本计算单。归集某一成本计算对象所应承担的生产费用，计算该成本对象的总成本和单位成本。

(8) 存货明细账。反映各种存货增减变动情况和期末库存数量及相关成本信息。

(二) 生产与存货循环的内部控制及控制测试

1. 计划和安排生产业务活动

企业内部控制要求，根据经审批的月度生产计划书，由生产计划经理签发预先按顺序编号的生产通知单。

注册会计师在实施控制测试时，应抽取生产通知单，并检查其是否与月度生产计划书中的内容一致。

2. 发出原材料业务活动

企业内部控制要求：

(1) 仓库管理员应把领料单编号、领用数量、规格等信息输入计算机系统。经仓储经理复核并以电子签名方式确认后，系统自动更新材料明细台账。

(2) 原材料仓库分别于每月、每季和年度终了，对原材料存货进行盘点，会计部门对盘点结果进行复盘。原材料盘点明细表由仓库管理员编写，若发现差异则及时处理，再经仓储经理、财务经理和生产经理复核后调整入账。

注册会计师在实施控制测试时应当：

(1) 抽取出库单及相关的领料单，检查是否正确输入并经适当层次复核。

(2) 抽取原材料盘点明细表并检查是否经适当层次复核,有关差异是否得到处理。

3. 生产产品和核算产品成本业务活动

企业内部控制要求:

(1) 生产成本记账员应根据原材料出库单编制原材料领用凭证,与计算机系统自动生成的生产记录日报表核对材料耗用和流转信息;由会计主管审核无误后,生成记账凭证并过账至生产成本及原材料明细账和总分类账。

(2) 每月月末,生产车间与仓库核对原材料、半成品、产成品的转出和转入记录。如有差异,仓库管理员应编制差异分析报告,经仓储经理和生产经理签字确认后交会计部门调整。

(3) 每月月末,计算机系统对生产成本中各项组成部分进行归集,按照预设的分摊公式和方法,自动将当月发生的生产成本在完工产品和在产品中按比例分配;同时,将完工产品成本在不同产品类别中分配,由此生成产品成本计算表和生产成本分配表;生产成本记账员编制生产成本结转凭证,经会计主管审核批准后进行账务处理。

注册会计师在实施控制测试时应当:

(1) 抽取原材料领用凭证,检查是否与生产记录日报表一致,是否经适当审核,如有差异是否及时处理。

(2) 抽取核对记录,检查差异是否已得到处理。

(3) 抽取生产成本结转凭证,检查与支持性文件是否一致并经适当复核。

(4) 检查预设的分摊公式和方法是否存在变更,变更是否经适当审批,必要时考虑利用计算机专家的工作。

(三) 存货的实质性程序

1. 存货的监盘

(1) 存货监盘目标:获取资产负债表日有关存货数量和状况及有关管理层存货盘点程序可靠性的审计证据,检查存货的数量是否真实完整,是否归属被审计单位,存货有无毁损、陈旧、过时、残次和短缺等状况。

(2) 存货监盘时间:实地察看盘点现场的时间、观察存货盘点的时间和对已盘点存货实施检查的时间等。存货监盘时间应当与被审计单位实施存货盘点的时间相协调。

(3) 存货监盘地点:重点考虑重要存货存放地点,特别是金额较大或可能存在重大错报风险(如存货性质特殊)的存货地点,将这些存货地点列入监盘地点。对其他无法在存货盘点现场实施存货监盘的存货存放地点,实施替代审计程序,以获取有关存货的存在和状况的充分、适当的审计证据。

(4) 存货截止测试:截止测试的目的是检查库存记录与会计记录期末截止是否正确。测试的关键是确定存货截止日是否在库、所有权是否转移。

测试时,应关注以下具体情况:①所有在截止日以前入库的存货是否均已包括在盘点范围内,并已反映在截止日的记录中。②在截止日以后入库的存货项目是否均未包括在盘点范围内,也未反映在截止日以前的记录中。③在截止日以前装运出库的存货是否均未包括在盘点范围内,且未包括在截止日的存货账面余额中。④任何在截止日以后出库的存货项目是否均已包括在盘点范围内,并已包括在截止日的存货账面余额中。⑤所有已销售但尚未装运出库的商品是否均未包括在盘点范围内,且未包括在截止日存货账面余额中。⑥所有已记录为购货但尚未入库的存货是否均已包括在盘点范围内,且已反映在记录中。⑦在途存货和被审计单位直接向顾客发运的存货是否均已得到了适当的会计处理。

(5) 执行抽盘与实物检查:双向追查,即在对存货盘点结果进行测试时,可以从存货盘点记录中选取项目追查至存货实物,以及从存货实物中选取项目追查至盘点记录。

确定检查范围:应尽可能避免让被审计单位事先了解将抽盘的存货项目。

获取盘点记录:获取盘点记录复印件有助于日后实施程序,以确定期末存货记录是否准确地反映了实际盘点结果。

处理抽盘差异:抽盘差异很可能表明存货盘点的准确性或完整性存在错误,很可能意味着其中还存在其他错误。处理差异时应当查明原因,及时提请更正,并考虑错误的潜在范围和重大程度。在可能的情况下,可扩大检查范围以减少错误的发生,还可针对某一特殊领域的存货或针对特定盘点小组要求重新盘点。

2. 存货的计价测试

(1) 计价测试是必要的审计程序。监盘程序主要是对存货的结存数量予以确认。为验证财务报表上存货余额的真实性,还必须对存货的计价进行审计,即确定存货实物数量和永续盘存记录中的数量是否经过正确地计价和汇总。

(2) 计价测试的主要对象与控制基础。存货计价测试主要是针对存货单位成本进行的。使用标准成本记录来反映原材料、直接人工和制造费用的差异是一项重要的内部控制。

(3) 存货计价测试的步骤与程序。

第一步,分层选取样本。抽样方法一般采用分层抽样法,选择样本时应着重选择结存余额较大且价格变化比较频繁的项目，同时考虑所选样本的代表性。应从存货数量已经盘点、单价和总金额已经计入存货汇总表的结存存货中选择样本。抽样规模应足以推断总体。

第二步，确认计价方法。存货发出的计价方法多种多样，包括个别计价法、先进先出法、月末一次加权平均法、移动加权平均法。注册会计师除了应了解掌握被审计单位的存货计价方法，还应对这种计价方法的合理性与一贯性予以关注。

第三步，独立测试样本。进行计价测试时，应对存货价格的组成内容予以审核，然后按照所了解的计价方法对所选择的存货样本进行计价测试。测试时，应尽量排除被审计单位已有计算程序和结果的影响，进行独立测试。

第四步，分析调整差异。测试结果出来后，应与被审计单位账面记录对比，编制对比分析表，分析形成差异的原因。如果差异过大，应扩大测试范围，并根据审计结果考虑是否提出审计调整建议。

（4）充分关注存货跌价准备的计提。由于被审计单位对期末存货采用成本与可变现净值孰低的方法计价，注册会计师应充分关注被审计单位存货可变现净值的确定及存货跌价准备的计提。

三、实训内容

实训一 存 货 监 盘

资料一 注册会计师接受委托，对公司 2023 年度财务报表进行审计。公司存货中少量产品存放于外地公用仓库。另有丁公司部分 M 产品存放于本公司的仓库内。公司拟于 2023 年 12 月 29 日至 12 月 31 日盘点存货，以下是注册会计师撰写的存货监盘计划的部分内容。

1. 存货监盘计划

存货监盘目标：检查公司 2023 年 12 月 31 日存货数量是否真实完整。

存货监盘范围：2023 年 12 月 31 日库存的所有存货，包括仓库里的 M 产品。

存货监盘时间：存货的观察与检查时间均为 2023 年 12 月 31 日。

2. 存货监盘主要程序

（1）与管理层讨论注册会计师的监盘计划。

（2）盘点截止日前所有已确认为销售但未出库的存货均要纳入盘点范围。

（3）对存放在外地仓库的产品，主要检查货运文件、出库记录等替代程序。

（4）因存货品种繁多，为保证监盘工作顺利进行，注册会计师提前两天将拟抽盘项目清单发给财务部人员,要求其做好准备工作。

(1) 指出存货监盘计划中的目标、范围和时间存在的错误,并简要说明理由。

(2) 请判断存货监盘计划中列示的主要程序是否适当,若不恰当,请予以修正。

资料二 注册会计师负责审计公司2023年度财务报表,其中与存货审计相关的部分事项如下:

(1) 公司规定盘点期间领取的原材料只能从未盘点的材料中出库,需要在盘点期间入库的产成品必须与未盘点的产成品一起堆放,以确保盘点结果的准确性。注册会计师认为该项盘点制度设计合理。

(2) 公司的存货存放在多个地点,注册会计师取得存货存放地点清单并检查其完整性,根据各个地点存货余额的重要性及重大错报风险的评估结果,选取其中几个地点实施监盘,并记录选择这些地点的原因。

(3) 注册会计师在公司盘点结束后,存货未开始流动前抵达盘点现场,对存货进行检查并实施抽盘,与丙公司盘点数量核对无误,据此认可了盘点结果。

(4) 在执行抽盘时,注册会计师从存货盘点记录中选取项目追查至存货实物,从存货实物中选取项目追查至盘点记录,以获取有关盘点记录准确性和完整性的审计证据。

(5) 因天气原因,审计项目组成员未能按计划在2023年12月31日到达某直营店实施监盘,经与管理层协商,改在2024年1月5日实施监盘,并对2023年12月31日至2024年1月5日的存货变动情况实施审计程序。

(6) 公司X产品属于有毒有害物质。为确保安全,注册会计师拟聘请专家代为实施现场观察程序。

(7) 注册会计师于2024年1月5日在存货盘点现场实施监盘,于次日取得所有盘点标签,检查其是否连续编号,并将存货盘点结果汇总表与盘点标签进行了核对,结果满意。

针对上述第(1)项至第(7)项,指出注册会计师做法是否恰当,如不恰当,请简要说明理由。

资料三 注册会计师对公司的主要原材料进行抽盘,于2024年3月13日盘点实存量为 320 000 吨。经过核实,2024 年 1 月 1 日至 3 月 13 日期间收入 26 000 吨。付出 24 000 吨。2023 年 12 月 31 日的账面结存数量为 348 000 吨,金额为 34 800 000 元。编制存货抽点如表 2-34 所示。

表 2-34

存货抽点表

客户：　　　　　　　　　　　编制人：　　　　　　　　　　日期：

截止日：2023 年 12 月 31 日　　复核人：　　　　　　　　　　日期：2024/3/13

品名	盘点数量	加：盘点日前付出数量	减：盘点日前收入数量	实存数量	账面结存		差异	
					数量	金额	数量	金额
审计结论：								

资料四 注册会计师对公司 2023 年度的期末会计资料进行审计时,发现临近结账日前后发生的业务事项如下：

(1) 2024 年 1 月 2 日收到价值为 20 000 元的货物,入账日期为 1 月 4 日,发票上注明由供应商负责运送,目的地交货,开票日期为 2023 年 12 月 26 日。

(2) 当实际盘点时,B 工厂 1 包价值为 80 000 元的产品已放在装运处,因包装纸上注明"有待发运"字样而未计入存货。经调查发现,顾客的订货单日期为 2023 年 12 月 20 日,顾客于 2024 年 1 月 4 日收到后付款。

(3) 2024 年 1 月 6 日收到价值为 700 元的物品,并于当天登记入账。该物品于 2023 年 12 月 28 日按供货商离厂交货条件运送,因 2023 年 12 月 31 日尚未收到,故未计入结账日存货。

(4) 按顾客特殊订单制作的某产品于 2023 年 12 月 31 日完工并送装运部门,顾客已于该日付款。该产品于 2024 年 1 月 5 日送出,但未包括在 2023 年 12 月 31 日的存货内。

实训要求

请分析上述四种情况是否应包括在 2023 年 12 月 31 日的存货内,并说明理由。

实训二　存货的计价测试

资料一　7 月 31 日,公司甲材料月末结存数量 200 千克,单位成本 98 元,其中包括 7 月 31 日购进的暂估入库的 100 千克,价值 10 000 元。

8月份甲材料的收发结存资料如表2-35所示。

表2-35

材料明细分类账　　　　　　　数量单位：千克

金额单位：元

年		摘要	收入			发出			结存		
月	日		数量	单价	金额	数量	单价	金额	数量	单价	金额
8	1	月初结存							200	98	19 600
	5	收入	300	100	30 000				500		
	10	发出				400			100		
	15	收入	500	104	52 000				600		
	25	发出				300			300		
	31	本月合计	800		82 000	700	101.6	71 120	300	101.6	30 480

实训要求

（1）对上述材料明细账进行审查，并指出存在的问题。

（2）重新计算加权平均单价，并计算发出材料的成本，提出调账意见。

（3）得出的审计结论是什么？

资料二　注册会计师在审查公司2023年度材料发出业务时发现，12月份生产领用材料的计划成本为600 000元，福利部门领用100 000元，材料的成本差异率为−1%。有关会计分录如下：

（1）借：生产成本　　　　　　　　　　　　　　　　600 000

　　　　制造费用　　　　　　　　　　　　　　　　100 000

　　　　　贷：原材料　　　　　　　　　　　　　　　　　　　700 000

（2）借：生产成本　　　　　　　　　　　　　　　　　7 000

　　　　　贷：材料成本差异　　　　　　　　　　　　　　　　　7 000

实训要求

（1）指出存在的问题。

（2）提出调整建议。

资料三：注册会计师在查阅公司"材料采购"明细账时，查阅了12月几笔采购材料业务的记账凭证。其中12月8日第22号记账凭证如表2-36所示。

表 2-36

记账凭证

2023 年 12 月 8 日   第 22 号

摘要	总账科目	明细科目	√	借方金额 百 十 万 千 百 十 元 角 分	√	贷方金额 百 十 万 千 百 十 元 角 分
购买材料	材料采购			6 3 2 8 0 0 0		
	管理费用			3 2 0 0 0 0		
	银行存款					6 6 4 8 0 0 0
合计				6 6 4 8 0 0 0		6 6 4 8 0 0 0

该记账凭证所附的原始凭证为 1 张增值税专用发票和 2 张费用发票。专用发票上注明该批材料价款 56 000 元,税额 7 280 元,增值税税率 13%。费用发票上注明运费 3 000 元,包装费 200 元。

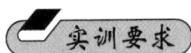

实训要求

(1) 指出存在的问题。

(2) 提出调整建议。

实训三　成本实质性测试

资料一　注册会计师对公司的主营业务成本进行审计,通过审查该公司的主营业务成本明细表,并与有关明细账、总账核对,发现账表之间数字完全相符。有关材料数据如表 2-37 所示。

表 2-37

材料数据　　　　　　　　　　　　　　　　　单位:元

材料期初余额	80 000	本期购进材料	150 000
材料期末余额	60 000	本期销售材料	10 000
直接人工成本	15 000	制造费用	42 000
在产品期初余额	23 000	在产品期末余额	30 000
产成品期初余额	40 000	产成品期末余额	50 000

该注册会计师通过对有关记账凭证和原始凭证的审计,发现以下问题。

(1) 对本期已入库,但尚未收到结算凭证的材料 5 000 元未作暂估处理。

(2) 对已领未用的材料 1 000 元未作价退料处理。

(3) 为在建工程发生的工人工资计入生产成本 2 000 元。

(4) 本期生产设备发生的修理费用 6 000 元计入当期制造费用。

(5) 经对期末在产品的盘点发现,在产品的实际金额为 38 000 元。

实训要求

根据以上资料填制"生产成本及销售成本倒轧表"(计算结果并得出审计结论,见表 2-38)。

表 2-38

生产成本及销售成本倒轧表

被审计单位名称:　　　　　　财务报表期间:　　　　　　工作底稿索引号:

编制人及复核人签字

编制人:	日期:
复核人[如项目经理/项目负责人]:	日期:
项目质量控制复核:	日期:

索引号	项目	未审数	调整或重分类分录	审定数
	原材料期初余额			
	加:本期购进			
	减:原材料期末余额			
	其他发出额			
	直接材料成本			
	加:直接人工成本			
	制造费用			
	生产成本			
	加:在产品期初余额 减:在产品期末余额			
	产品生产成本			
	加:产成品期初余额			
	减:产成品期末余额			
	主营业务成本			
审计结论				

资料二：注册会计师审查公司 2023 年度利润表的营业成本时,了解到该公司采用计划成本进行成本核算,第四季度生产成本的记录如表 2-39 所示。

表 2-39

生产成本

单位:元

日期	借方	贷方	余额
10 月 1 日			2 000
10 月 31 日	18 000	20 000	0
11 月 30 日	23 600	24 000	(400)
12 月 31 日	23 400	26 000	(3 000)

经过核实,12 月月末该公司尚有在产品 200 件,单位平均成本为 19 元,第四季度已销售产品 80%,库存量占 20%。

审查完工产品转出的成本差额的正确性,并提出审计处理意见。

实训四　费用实质性测试

资料一　公司 2023 年 12 月份销售费用明细账和工资分配表如表 2-40、表 2-41 所示。

表 2-40

销售费用明细账

单位:元

2023 年		摘要	包装费	运输费	装卸费	保险费	广告费	展览费	其他费用
12	1	付 1 号产品包装费	2 500						
	2	付报刊广告费					3 000		
	3	付展览公司展览费						9 500	
	5	付运费		650					
	7	招待客户用餐							1 500
	8	付装卸费			400				

(续表)

2023年	摘要	包装费	运输费	装卸费	保险费	广告费	展览费	其他费用
11	付2号产品包装费	3 000						
13	付车站装卸费			800				
18	付销售合同违约金							4 000
22	付赔偿金							6 000
26	付运输保险费				1 500			
27	付门市部职工工资							2 600
28	付门市部差旅费							1 200
…	…	…	…	…	…	…	…	…

表2-41

工资分配表

2023年12月

单位:元

部门	人员类别	生产成本	制造费用	管理费用	财务费用	销售费用	应付职工薪酬	合计
生产车间	生产工人	89 000						89 000
生产车间	管理人员		4 800					4 800
销售部门	门市部					800		800
厂部	管理人员			12 000				12 000
供应科	采购人员	1 200						1 200
医务室	医务人员			1 350				1 350
财务科	财务人员				3 000			3 000
其他	6个月以上病假的						400	400
其他	基建人员	1 650						1 650
其他	固定资产清理人员		600					600
合计		91 850	5 400	13 350	3 000	800	400	114 800

实训要求

对销售费用明细账和工资分配表进行审阅,指出存在的问题,并编制调整会计分录。

课后笔记

实训项目七　筹资与投资循环审计

一、实训目的

了解筹资与投资循环的主要审计流程；了解筹资与投资循环涉及的主要业务活动、主要凭证和会计记录；掌握筹资与投资循环的控制测试和实质性测试。

二、理论知识点

（一）筹资与投资循环的特征

1. 涉及的主要业务活动

筹资业务活动包括审批授权、签订合同或协议、取得资金、计算利息或股利、偿还本金或发放股利。

投资业务活动包括审批授权、取得证券或其他投资、取得投资收益、转让证券或收回其他投资。

2. 涉及的主要凭证及会计记录

筹资活动的主要凭证及会计记录包括债券（一年内还本付息的有价证券）、股票、债券契约、股东名册、公司债券存根簿、承销与报销协议、借款合同或协议、有关记账凭证、有关会计科目的明细分类账和总分类账。

投资活动的主要凭证及会计记录包括股票或债券、经纪人通知书、债券契约、企业的章程和有关协议、投资协议、有关记账凭证、有关会计科目的明细分类账和总分类账。

（二）筹资与投资活动的内部控制

1. 筹资活动主要的内部控制

企业通过借款筹集资金需经管理层的审批，其中债券的发行每次均要由董事会授权。

企业发行股票必须依据国家有关法规或企业章程的规定，报经企业最高权力机构（如董事会）及国家有关管理部门批准。

向银行或其他金融机构融资须签订借款合同，发行债券须签订债券契约和债券承销或包销合同。

2. 投资活动主要的内部控制

投资业务应在业务的授权、业务的执行、业务的会计记录及投资资产的保管等方面都有明确的分工，不得由一人同时负责上述任何两项工作。

投资业务在企业高层管理机构核准后，可由高层负责人员授权签批，由财务经理办理具体的股票或债券的买卖业务,由会计部门负责进行会计记录和财务处理,并由专人保管股票或债券。

企业在购入股票或债券时,应在购入的当日尽快登记于企业名下,切忌登记于经办人员名下,防止冒名转移并借其他名义牟取私利的舞弊行为发生。

投资证券应由内部审计人员或不参与投资业务的其他人员进行定期盘点。

投资证券由独立的专门机构保管,如果由企业自行保管,则至少要由两名以上人员共同控制,不得一人单独接触证券。

(三) 筹资与投资循环的实质性测试程序

1. 短期借款的实质性测试

函证短期借款的实有数;审查短期借款的增加;复核短期借款利息。

2. 长期借款的实质性测试

(1) 对年度内增加的长期借款,应检查借款合同和授权批准,了解借款数额、借款条件、借款日期、还款期限、借款利率,并与相关会计记录核对。

(2) 向银行或其他债权人函证重大的长期借款。

(3) 检查一年内到期的长期借款是否已转列为流动负债。

(4) 计算长期借款在各个月份的平均余额,选取适用的利率匡算利息支出总额,并与财务费用的相关记录核对,判断被审计单位是否高估或低估利息支出,必要时进行适当调整。

(5) 检查借款费用的会计处理是否正确。

(6) 审查企业抵押长期借款的抵押资产的所有权是否属于企业,其价值和现实状况是否与抵押契约中的规定相一致。

(7) 确定长期借款是否已在资产负债表上充分披露。

长期借款在资产负债表上列示于长期负债类下,该项目应根据"长期借款"科目的期末余额扣减将于一年内到期的长期借款后的数额填列,该项扣除数应当填列在流动负债类下的"一年内到期的长期负债"项目单独反映。注册会计师应根据审计结果,确定被审计单位长期借款在资产负债表上的列示是否充分,并注意长期借款的抵押和担保是否已在会计报表附注中作了充分的说明。

3. 实收资本(股本)的实质性测试

(1) 查阅公司章程、股东大会、董事会会议记录中有关实收资本(股本)的规定。

(2) 检查实收资本(股本)增减变动的原因,查阅其是否与董事会议纪要、补充合同、协议及其他有关法律性文件的规定一致;逐笔追查至原始凭证,检查其会计处理是否正确。

(3) 对于以资本公积、盈余公积和未分配利润转增资本的,应取得股东大会等资料,并审核其是否符合国家的有关规定。

4. 长期股权投资的实质性测试

(1) 检查长期股权投资的初始计量及确认是否正确。

(2) 检查长期股权投资核算方法的选用是否恰当。

(3) 审查长期股权投资的投资收益是否正确。

三、实训内容

实训一　筹资与投资的控制测试

资料一　注册会计师于2024年3月8日至10日对公司筹资与投资循环的内部控制进行了测试,并在相关审计工作底稿中记录了了解和测试的事项。摘录如下:

经公司股东大会批准,该公司董事会的投资权限为1亿元以下。董事会授权由公司总经理负责实施。总经理决定由证券部负责总额在1亿元以下的股票买卖。该公司还规定,公司划入营业部的款项由证券部申请、会计部审核,经总经理批准后划入公司在营业部开立的资金账户。证券部经总经理批准后直接从营业部资金账户支取款项。证券买卖、资金存取的会计记录由会计部门处理。

注册会计师在了解和测试投资的内部控制系统后发现:证券部在某营业所开户的有关协议及补充协议未经会计部或法律部审核。根据总经理的批准,会计部已将9 000万元汇入该账户。证券部处理证券买卖的会计记录,月底将证券买卖清单交给会计部,会计部据此汇总登记。

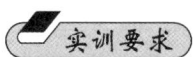

根据上述摘录,请指出筹资与投资循环内部控制的风险,并提出改进建议。

实训二　借款的实质性测试

资料一　注册会计师在审查公司"短期借款——生产周转借款"使用情况时发现:公司2023年7月至12月平均贷款为840 000元,存货合计为220 000元,其他应收款为420 000元,占用比重为50%,可能存在非法使用或占用短期借款的行为。注册会计师调阅了相关短期借款凭证,并通过银行存款日记账追查存款的去向。在查阅过程中,注册会计师发现7月26日借入短期借款的第17号凭证,其记录如表2-42所示。

表 2-42

记账凭证

2023 年 7 月 26 日　　　　　　　　　　　　　　　　　　　　第 17 号

摘要	总账科目	明细科目	√	借方金额 百十万千百十元角分	√	贷方金额 百十万千百十元角分
取得短期借款	银行存款			2 0 0 0 0 0 0		
	短期借款	生产周转借款				2 0 0 0 0 0 0
合计				2 0 0 0 0 0 0		2 0 0 0 0 0 0

第 17 号凭证所附"入账通知"和"借款契约"2 张原始凭证,借款期限为 6 个月。注册会计师在审阅银行存款日记账时发现,7 月 29 日银付字第 110 号凭证摘要为"汇给东方公司货款",其记录如表 2-43 所示。

借:其他应收款——杨军　　　　　　　　　　　　　　200 000
　　贷:银行存款　　　　　　　　　　　　　　　　　　　　200 000

表 2-43

记账凭证

2023 年 7 月 29 日　　　　　　　　　　　　　　　　　　　　第 110 号

摘要	总账科目	明细科目	√	借方金额 百十万千百十元角分	√	贷方金额 百十万千百十元角分
汇给东方公司货款	其他应收款	杨军		2 0 0 0 0 0 0		
	银行存款					2 0 0 0 0 0 0
合计				2 0 0 0 0 0 0		2 0 0 0 0 0 0

实训要求

(1) 请推测可能存在的问题。

(2) 指出进一步实施的程序。

(3) 提出审计意见。

资料二 注册会计师在审查公司"长期借款"明细账时发现,该公司5月从银行借入技改借款120万元,但在"在建工程"账户中没有增加数,长期股权投资额却增加了100万元。经进一步审查,确认为购买股票的投资,查其资金来源为从银行借入的技改贷款。

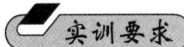

(1) 指出上述事项存在的问题。

(2) 提出审计意见。

实训三 实收资本的实质性测试

资料一 注册会计师在审阅公司"实收资本"明细账时,发现10月17日第36号凭证摘要为"收到王明投资款",金额为110 000元。其会计凭证如表2-44所示。

表2-44

记账凭证

2023年10月17日　　　　　　　　　　　　　　　　　　　　　　　第36号

摘要	总账科目	明细科目	√	借方金额									√	贷方金额								
				百	十	万	千	百	十	元	角	分		百	十	万	千	百	十	元	角	分
收到王明投资款	银行存款				1	1	0	0	0	0	0	0										
	实收资本														1	1	0	0	0	0	0	0
合计					1	1	0	0	0	0	0	0			1	1	0	0	0	0	0	0

所附的原始凭证为银行的进账单、收据及与王明所签的协议复印件。按照投资协议,王明投资110 000元,享有该公司1/5(即100 000元)的股份。

(1) 指出上述事项存在的问题。

(2) 提出审计意见。

资料二 注册会计师对公司的实收资本进行审查。经查该公司2022年12月31日"实收资本"账户记录为800 000元,"资本公积"账户为200 000元。2023年根据市场需要,经董事会决定,并报原审计机关批准,该公司吸收向阳公司投资200 000元,注册资本已办理变更登记,调整为1 000 000元。3月5日,向阳公司以一台设备投入该公司,经评估确认其价值为210 000元。相关会计凭证如表2-45所示。

表 2-45

记账凭证

2023 年 3 月 5 日

摘要	总账科目	明细科目	√	借方金额								√	贷方金额							
				百	十	万	千	百	十	元	角	分	百	十	万	千	百	十	元	角	分
收到固定资产投资	固定资产				2	1	0	0	0	0	0	0									
	实收资本														2	1	0	0	0	0	0	0
合计					2	1	0	0	0	0	0	0			2	1	0	0	0	0	0	0

> **实训要求**

(1) 对吸收投资会计处理的正确性进行判断,并说明原因。

(2) 提出调整建议。

实训四　长期股权投资的实质性测试

资料一　公司于 2023 年 1 月 1 日取得 B 公司 6% 的股权,成本为 120 万元。假设公司在取得 B 公司的股权后,对 B 公司的财务和经营决策不具有控制、共同控制或重大影响,且该投资不存在活跃的交易市场,公允价值无法取得。

2023 年 1 月 1 日会计凭证如表 2-46 所示。

表 2-46

记账凭证

2023 年 1 月 1 日

摘要	总账科目	明细科目	√	借方金额								√	贷方金额							
				百	十	万	千	百	十	元	角	分	百	十	万	千	百	十	元	角	分
购买 B 公司股票	长期股权投资	成本			1	2	0	0	0	0	0	0									
	银行存款														1	2	0	0	0	0	0	0
合计					1	2	0	0	0	0	0	0			1	2	0	0	0	0	0	0

> **实训要求**

(1) 对长期股权投资会计处理的正确性进行判断,并说明原因。

(2) 提出调整建议。

课后笔记

实训项目八 货币资金审计

一、实训目的

通过模拟库存现金盘点和银行存款清查,了解货币资金项目的内部控制制度,掌握货币资金项目的控制测试和实质性测试。

二、理论知识点

(一)货币资金项目的内部控制规范

1. 岗位分工及授权批准

(1)出纳人员不得兼任稽核、会计档案保管和收入、支出、费用、债权债务账目的登记工作。不得由一人办理货币资金业务的全过程。

(2)审批人应按规定在授权范围内进行审批,不得超越审批权限。对于超越授权范围审批的货币资金业务,经办人员有权拒绝办理,并及时向审批人的上级授权部门报告。

(3)按照规定程序办理货币资金支付业务。具体程序如下:应付凭单部门或个人用款时,提前提交支付申请;财务部门负责人对支付申请进行审批;财务部门职员复核批准后的货币资金支付申请;出纳人员办理货币资金支付手续,及时登记库存现金日记账和银行存款日记账。

(4)对于重要货币资金支付业务,应实行集体决策和审批。

(5)严禁未经授权的机构或人员办理货币资金业务或直接接触货币资金。

2. 现金和银行存款的管理

(1)超过库存限额的现金应及时存入银行。

(2)超过现金开支范围的业务应通过银行办理转账结算。

(3)现金收入应及时存入银行,不得用于直接支付自身的支出。特殊情况需坐支现金的,应事先报经开户银行审查批准。

(4)货币资金收入必须及时入账,不得私设"小金库",不得账外设账,严禁收款不入账。

(5)加强对银行账户的管理。定期检查、清理银行账户的开立及使用情况,发现问题,及时处理。

(6)不签发没有资金保证的票据或远期支票。

(7)指定出纳以外的人员定期核对银行账户,每月至少核对一次,编制银行存款余额调节表。

(8)定期和不定期地进行盘点现金,确保现金账面余额与实际库存相符。若发现不符,应及时查明原因,做出处理。

3. 票据及有关印章的管理

(1)明确各种票据的购买、保管、领用、背书转让、注销等环节的职责权限和程序,并专设登记簿进行记录,防止空白票据的遗失和被盗用。

(2)财务专用章应由专人保管,个人名章由本人或其授权人员保管。严禁一人保管支付款项所需的全部印章。

(二)货币资金项目的控制测试

1. 抽取并检查收款凭证

(1)核对实收金额与销售发票是否一致。

(2)核对现金收款凭证与应收账款明细账的有关记录是否相符。

(3)核对现金收款凭证与库存现金日记账的收入金额是否正确。

2. 抽取并检查付款凭证

(1)核对现金付款凭证的实付金额与购货发票是否相符。

(2)核对现金付款凭证与应付账款明细账的记录是否一致。

(3)核对现金付款凭证与库存现金日记账的付出金额是否正确。

(4)检查付款的授权批准手续是否符合规定。

3. 抽取一定期间的库存现金日记账与总账核对

(三)货币资金项目的实质性测试

1. 库存现金的实质性测试

(1)制订监盘计划。监盘库存现金是证实库存现金是否存在的重要审计程序。

监盘时间:上午上班前或下午下班时。

监盘范围:已收到但未存入银行的各部门经管的现金、零用金、找换金等。若库存现金存放部门有两处或两处以上,则应同时对其进行盘点。

盘点人员:现金出纳、会计主管盘点,注册会计师监盘。

监盘方式:实施突击性检查。

(2)注册会计师核对库存现金日记账与现金收付凭证。检查库存现金日记账的记录与凭证的内容和金额是否相符,库存现金日记账日期与凭证日期是否相符或接近。

(3)盘点前的准备工作。在进行现金盘点前,出纳员将现金集中起来存入保险柜,必要时可加以封存,然后把已办妥现金收付手续的收付款凭证登入库存现金日记账,最后根据库存现金日记账加计累计数额,结出现金结余额。

(4) 出纳员盘点现金。盘点保险柜内的现金实存数,同时由注册会计师编制"库存现金监盘表",分币种、面值列示盘点金额。

(5) 注册会计师核对账实。将盘点金额与库存现金日记账余额进行核对,如有差异,要求被审计单位查明原因,必要时提请调整;如无法查明原因,要求被审计单位按管理权限批准后做出调整。

(6) 处理"未达账项"。若有冲抵库存现金的借条、未提现支票、未作报销的原始凭证,应在"库存现金监盘表"中注明,必要时应提请被审计单位做出调整。

(7) 调节至资产负债表日。在非资产负债表日进行盘点和监盘时,应调整至资产负债表日的金额。

2. 银行存款的实质性测试

(1) 实施实质性分析。计算银行存款累计余额应收利息收入,比较应收利息收入与实际利息收入的差异是否恰当,评估利息收入的合理性,检查是否存在高息资金拆借,确认银行存款余额是否存在,利息收入是否已经完整记录。

(2) 检查银行存单。编制银行存单检查表,检查是否与账面记录金额一致,是否被质押或限制使用,存单是否为被审计单位所拥有。对未质押的定期存款,应检查开户证实书原件;对已质押的定期存款,应检查定期存单,并与相应的质押合同核对,同时关注定期存单对应的质押借款有无入账;对审计外勤工作结束日前已提取的定期存款,应核对相应的兑付凭证、银行对账单和定期存款复印件。

(3) 取得并检查银行存款余额对账单和余额调节表。被审计单位应针对不同的银行账户及货币种类分别编制银行存款余额调节表。注册会计师检查银行存款余额对账单和银行存款余额调节表是针对银行存款的重要程序。该程序具体包括:

将资产负债表日的银行存款余额对账单与银行询证函回函核对,确认是否一致,核对账面记录的存款金额是否与对账单记录一致;获取资产负债表日的银行存款余额调节表检查加计数是否正确,确认调节后的两方余额是否一致。

3. 银行存款函证

(1) 函证的作用。函证银行存款余额是证实资产负债表所列银行存款是否存在的重要程序。通过函证,注册会计师不仅可以了解企业资产的存在,而且可以了解企业账面反映所欠银行债务的情况,从而发现企业未入账的银行借款和未披露的或有负债。

(2) 函证的规定。银行函证需要以被审计单位名义向银行发函。银行要在收到询证函之日起的10个工作日内,根据函证要求及时回函并按有关规定收取询证费用;各有关企业或单位应根据函证的具体要求回函。

(3) 函证的范围。对所有银行存款(包括零余额账户和本期注销的账户)及与金融机构往来的其他重要信息实施函证程序,除非有充分证据表明某一银行存款及与金融机构往来的其他重要信息对财务报表不重要且与之相关的重大错报风险很低。如果不对这些项目实施函证程序,应在工作底稿中说明理由。

(4) 函证的控制。注册会计师要亲自发出和回收询证函。

三、实训内容

实训一　货币资金的控制测试

资料一　注册会计师了解到公司货币资金的内部控制情况。该公司分设会计和出纳,由于会计工作量大,财务经理安排由出纳负责登记三大期间费用账户,并且根据规定,收款的同时为销售部门开具销售发票。办理付款手续时,直接根据采购人员提供的发票办理支付手续。在财务部负责人的授意下,开立多个结算账户,资金紧张时从没有金额的账户给客户开支票,以拖延还款时间。对于超过授权范围审批的货币资金业务,出纳人员在办理后再向上级部门报告。签发票据所必需的印鉴由财务主管负责保管,出纳人员使用完毕及时交还财务主管。设置内部审计部,由主管会计兼任内部审计负责人。

找出该公司货币资金内部控制存在的问题,并提出改进建议。

实训二　库存现金的实质性测试

资料一　注册会计师承接公司审计货币资金项目,为顺利监盘库存现金,注册会计师在监盘前一天通知该公司会计主管人员做好监盘准备。考虑到出纳日常工作安排,对公司库存现金的监盘时间定在下午五点下班后。监盘时,出纳员把现金放入保险柜,并将已办妥现金收付手续的交易登入库存现金日记账,结出库存现金日记账余额;然后,注册会计师当场盘点现金,在与库存现金日记账核对后填写"库存现金监盘表",并在签字后形成审计工作底稿。

请指出注册会计师在库存现金监盘过程中有哪些不当之处,并提出改进建议。

资料二 2023年12月11日下午5点,注册会计师参加对公司库存现金的清查盘点工作。以下为清查结果。

(1) 实点库存现金(人民币)结存数:100元币120张,50元币80张,10元币220张,5元币84张,2元币175张,1元币220张,5角币50张,2角币20张,1角币51张,5分币32张,2分币14张,1分币8张。

(2) 查明库存现金日记账截至当年12月7日的账面余额为21 679.24元。

(3) 查出已经办理收款手续尚未入账的收款凭证(191号至202号)金额合计为4 372.31元。

(4) 查出已经办理付款手续尚未入账的付款凭证(203号至211号)金额合计为4 126.14元。

(5) 发现库存现金日记账中夹有下列借据,共计2 560元:职工刘红借学费250元,职工王敏借学费110元,许林华借药费1 000元,万广华借药费1 200元。

(6) 发现保险柜中有12月1日收到销售产品的转账支票一张,计价7 500元。

(7) 发现保险柜中有待领工资215元,单独包封。

(8) 银行核定库存现金限额10 000元。

实训要求

(1) 根据清查结果,编制库存现金清查表(表2-47)。

(2) 指出该企业现金管理中存在的主要问题,并提出审计意见。

表 2-47

库存现金清查表

被审计单位:_____   索引号:_____

项目: __货币资金__   报表截止日:_____

编制:_____   复核:_____

日期:_____   日期:_____

单位:元

项目	金额	备注
库存现金实存额		
盘点日止账面结存额 加:已收款未入账部分 减:已付款未入账部分		
盘点日止账面应存额		
溢缺金额		

审计人员:_____   出纳员:_____   会计主管:_____

实训三　银行存款的实质性测试

资料一　公司 2023 年 12 月 31 日银行存款日记账账面余额为 150 000 元,银行对账单余额为 195 000 元。2024 年 2 月 20 日,审计人员到公司审查银行存款账目,发现以下情况。

(1) 银行对账单(存入):

12 月 10 日收存外地汇款	8 000 元
12 月 26 日存入现金	20 000 元
12 月 27 日转入存款利息	1 000 元
12 月 31 日存入外地托收款	30 000 元

(2) 银行对账单(支出):

12 月 5 日开出现金支票	20 000 元
12 月 14 日开出现金支票	2 000 元
12 月 15 日开出转账支票	6 000 元
12 月 29 日开出现金支票	1 000 元

(3) 企业银行存款账面:

12 月 31 日开出转账支票	15 000 元

实训要求

(1) 根据情况,代审计人员编制银行存款余额调节表(表 2-48)。
(2) 计算调节后银行存款的真实余额。
(3) 根据记录推测可能存在的问题。
(4) 得出审计结论。

表 2-48

银行存款余额调节表

被审计单位:_____　　　　　索引号:_____

项目:　**货币资金**　　　　　　　　　　　报表截止日:_____

编制:_____　　　　　　　　复核:_____

日期:_____　　　　　　　　日期:_____

单位:元

银行调节项目	金额	企业调节项目	金额
银行对账单余额		企业银行存款日记账余额	
加:企业已收,银行未收		加:银行已收,企业未收	

(续表)

银行调节项目	金额	企业调节项目	金额
1.		1.	
2.		2.	
3.		3.	
加项合计		加项合计	
减：企业已付，银行未付		减：银行已付，企业未付	
1.		1.	
2.		2.	
3.		3.	
减项合计		减项合计	
调整后银行对账单余额		调整后银行存款日记账余额	
经办会计人员(签名)		会计机构负责人(签名)	

资料二 注册会计师负责审计公司2023年度财务报表。

审计说明：

(1) 2023年12月20日，公司一董事从银行借款300万元。审计项目组成员获悉公司已为该笔借款提供担保，但在银行函证中未包含此事项。

(2) 审计项目组成员认为可以查看定期存单，不必发送银行询证函。

(3) 审计项目组成员第一次询证无人回复，再次发送询证函仍无回复。作为替代程序，审计项目组成员要求公司提供2023年12月份银行对账单复印件，并将其归入工作底稿。

(4) 公司会计经理去办理相关业务时，顺便取回银行询证函回函。审计项目组成员核对后，将回函归入工作底稿。

审计项目组成员在实施银行函证程序时遇到的事项如表2-49所示。

表2-49 银行函证事项表 单位：万元

银行名称	银行账户	银行对账单余额	账户性质	审计说明
银行1	账户a	1 361	基本户	(1)
银行2	账户b	1 500	定期存款户	(2)

(续表)

银行名称	银行账户	银行对账单余额	账户性质	审计说明
银行3	账户c	1 100	结算户	(3)
银行4	账户d	495	结算户	(4)

实训要求

针对第(1)项—第(3)项,逐项指出审计项目组成员的做法是否恰当。若不恰当,请简要说明理由。

资料三 会计师事务所负责审计公司2023年度财务报表。审计项目组认为货币资金的存在和完整性认定存在舞弊导致的重大错报风险,审计工作底稿中与货币资金审计相关的部分内容摘录如下:

(1) 2024年2月2日,审计项目组要求公司管理层于次日对库存现金进行盘点,2月3日,审计项目组在现场实施了监盘,并将结果与库存现金日记账进行了核对,未发现差异。

(2) 因对公司管理层提供的银行账户清单的完整性存有疑虑,审计项目组前往当地中国人民银行查询并打印了公司已开立银行结算账户清单,结果满意。

(3) 因对公司提供的银行对账单的真实性存有疑虑,审计项目组要求公司管理层重新取得所有银行账户的对账单,并现场观察了对账单的打印过程,未发现异常。

(4) 审计项目组未对年末余额小于10万元的银行账户实施函证,这些账户年末余额合计小于实际执行的重要性。审计项目组检查了银行对账单原件和银行存款余额调节表,结果满意。

(5) 针对年末银行存款余额调节表中企业已开支票银行尚未扣款的调节项,审计项目组通过检查相关的支票存根和记账凭证予以确认。

(6) 审计项目组发现X银行询证函回函上的印章与以前年度的不同,公司管理层解释X银行于2023年年中变更了印章样式,并提供了X银行的收款回单,审计项目组通过比对印章样式,认可了公司管理层的解释。

实训要求

针对上述第(1)项—第(6)项,逐项指出审计项目组的做法是否恰当。若不恰当,请提出改进建议。

课后笔记

实训项目九　终结审计与审计报告

一、实训目的

通过本实训项目,熟练掌握终结阶段审计的要点、方法、程序;了解管理层声明书和律师声明书,以及审计报告的作用和种类;理解审计工作底稿的复核、审计结果的评价和与被审计单位的沟通内容;掌握注册会计师审计报告的基本内容与基本类型,明确出具各种审计意见的条件与要求。

二、理论知识

审计终结阶段是指实施阶段结束后,审计人员根据审计工作底稿编制审计报告,并将有关文件整理归档的全过程。审计终结阶段包括编制审计差异调整表和试算平衡表;获取管理当局声明书;获取律师声明书;执行分析性复核程序;撰写审计总结;完成审计工作底稿的二级复核;评价审计结果并确定审计报告意见类型,就审计有关事项与被审计单位进行沟通。

(一) 审计差异调整表的编制

审计差异根据是否需要调整账户记录可分为核算误差和重分类误差。核算误差是指因企业对经济业务进行不正确的会计核算而引起的误差,根据审计重要性原则来衡量每一项核算误差,又可把这些核算误差区分为建议调整的不符事项和不建议调整的不符事项(即未调整的不符事项);重分类误差是指因企业未按有关会计准则、会计制度规定编制会计报表而引起的误差。

注册会计师在划分建议调整的不符事项和未调整的不符事项时,应当考虑核算误差的金额和性质两个因素。

(1) 对于单笔核算误差超过所涉及会计报表项目(或账项)层次重要性水平的,应视为建议调整的不符事项。

(2) 对于单笔核算误差低于所涉及会计报表项目(或账项)层次重要性水平,但性质重要的,如涉及舞弊与违法行为的核算误差、影响收益趋势的核算误差等不期望出现的核算误差,应视为建议调整的不符事项。

(3) 对于单笔核算误差低于所涉及会计报表项目(或账项)层次重要性水平,且性质不重要的,一般应视为未调整的不符事项;但当若干笔同类型未调整的不符事项汇总数超过会计报表项目(或账项)层次重要性水平时,应从中选取几笔转为建议调整的不符事项,过入调整分录汇总表,使未调整的不符事项汇总金额降至重要性水平之下。

(二) 试算平衡表的编制

试算平衡表是注册会计师在被审计单位提供未审会计报表的基础上,考虑调整分录、重分类分录等内容以确定已审数与报表披露数的表式。试算平衡表在被审计单位提供的会计报表草稿基础上,过入审计差异调整金额,用于试算被审计单位将要对外报出,即审计人员要对此发表意见的会计报表是否平衡。一般在调整分录汇总表和重分类分录汇总表编制完成后,再据以编制资产负债表试算平衡表工作底稿和利润及利润分配表试算平衡表工作底稿。注册会计师认可的会计报表最终反映的数额应以试算平衡表调整后的数额为准。

(三) 管理层声明书

管理层声明是指被审计单位管理层向注册会计师提供的关于财务报表的各项陈述。这些陈述是在审计过程中,由注册会计师与被审计单位管理层就财务报表审计相关的重大事项不断进行沟通而形成的。在审计工作中,管理层声明书一般由注册会计师拟写,然后与管理层沟通后由被审计单位财务主要负责人签字盖章。

管理层声明书的一般内容包括:

(1) 关于财务报表正确性的相关声明。

(2) 关于信息完整性的相关声明。

(3) 关于确认、计量和列报的声明。

(四) 审计报告

审计报告是指注册会计师根据审计准则的规定,在执行审计工作的基础上,对财务报表发表审计意见的书面文件。审计报告是注册会计师在完成审计工作后向委托人提交的最终产品,注册会计师应当根据由审计证据得出的结论,清楚表达对财务报表的意见。无论是出具标准审计报告,还是非标准审计报告,注册会计师一旦在审计报告上签名并盖章,就表明对其出具的审计报告负责。

1. 审计报告的构成要素

(1) 标题。

(2) 收件人。

(3) 审计意见段。

(4) 形成审计意见的基础。

(5) 管理层对财务报表的责任。

(6) 注册会计师对财务报表审计的责任。

(7) 按照相关法律法规的要求报告的事项。

(8) 注册会计师的签名和盖章。

(9) 会计师事务所的名称、地址和盖章。

(10) 报告日期。

2. 审计报告的类型

审计报告的意见类型共有四种基本类型,但有时根据情况附带强调事项段和其他事项段。

(1) 无保留意见审计报告。包括带强调事项段的无保留意见审计报告和标准的无保留意见审计报告。

(2) 保留意见审计报告。如果认为财务报表整体是公允的,但还存在下列情形之一,注册会计师应当出具保留意见审计报告:

一是会计政策的选用、会计估计的作出或财务报表的披露不符合适用的会计准则和相关会计制度的规定,虽影响重大,但不至于出具否定意见审计报告;因审计范围受到限制,不能获取充分、适当的审计证据,虽影响重大,但不至于出具无法表示意见审计报告。

二是当出具保留意见审计报告时,注册会计师应当在审计意见段中使用"除……的影响外"等术语。如果因审计范围受到限制,注册会计师还应当在注册会计师的责任段中提及这一情况。

(3) 否定意见审计报告。如果认为财务报表没有按照适用的会计准则和相关会计制度的规定编制,未能在所有重大方面公允反映被审计单位的财务状况、经营成果和现金流量,注册会计师应当出具否定意见审计报告。

当出具否定意见审计报告时,注册会计师应当在审计意见段中使用"由于上述问题造成的重大影响""由于受到前段所述事项的重大影响"等术语。

(4) 无法表示意见审计报告。如果因审计范围受到限制可能产生的影响非常重大和广泛,不能获取充分、适当的审计证据,以至于无法对财务报表发表审计意见,注册会计师应当出具无法表示意见审计报告。

当出具无法表示意见审计报告时,注册会计师应当删除注册会计师的责任段,并在审计意见段中使用"由于审计范围受到限制可能产生的影响非常重大和广泛""我们无法对上述财务报表发表意见"等术语。

3. 审计报告类型的判断

(1) 出具无保留意见审计报告的情况。

错报金额或审计范围受到限制的影响不重要。

若被审计单位会计政策的选用、会计估计的作出或财务报表的披露不符合适用的会计准则和相关会计制度的规定；或因审计范围受到限制，无法获取充分、适当的审计证据，但所涉金额不大，远远低于重要性水平，不至于影响财务报表使用者的决策，注册会计师可以出具无保留意见审计报告。

(2) 出具保留意见审计报告的情况。

错报金额或审计范围受到限制的影响重要，但就财务报表整体而言是公允的。

若被审计单位会计政策的选用、会计估计的作出或财务报表的披露不符合适用的会计准则和相关会计制度的规定；或因审计范围受到限制，无法获取充分、适当的审计证据，所涉金额超过重要性水平，在某些方面影响财务报表使用者的决策，但对财务报表整体仍然是公允的，注册会计师可以出具保留意见审计报告。

(3) 出具否定意见或无法表示意见审计报告的情况。

错报金额重要或审计范围受到重要限制且影响广泛，以至财务报表整体公允性存在问题。

若被审计单位会计政策的选用、会计估计的作出或财务报表的披露不符合适用的会计准则和相关会计制度的规定；或因审计范围受到限制，无法获取充分、适当的审计证据，所涉金额超过重要性水平且影响广泛，将会全面影响财务报表使用者的决策，注册会计师应当出具否定意见或无法表示意见审计报告。

错报金额或审计范围受到限制与审计报告类型的关系如表 2-50 所示。

表 2-50

审计意见决策表

项目	重要	重要且广泛
错报金额	保留意见	否定意见
审计范围受到限制	保留意见	无法表示意见

4. 审计报告与会计报表的关系

(1) 管理当局有责任或义务按现行的《企业会计准则》及时编制正确、完整的会计报表。

(2) 审计报告只是注册会计师表述审计结论的手段，它本身不包括被审计企业或组织的财务信息或具体数据资料，不能代替会计报表。

(3) 会计报表属于审计对象，其编制质量的最终责任是由管理当局而非注册会计师来承担。注册会计师的责任只限于审查会计报表的合法性、公允性和一贯性。

(4) 注册会计师可以发表不同形式的审计报告来表达意见，但无权修改或编制会计报表。

(5) 在审计过程中,注册会计师可以建议被审计单位根据企业会计准则的要求,调整或修改会计报表的内容或格式,或被审计单位委托注册会计师根据检查结果代为编制审定的会计报表及其附注。审计报告与会计报表是两种性质不同的报告文件。

(6) 审计报告与会计报表要同时并列呈送委托人或正式对外公布。

(7) 审计报告的重要作用是,对会计报表的合法性、公允性和一贯性加以鉴证,作为委托人和其他信息使用者信赖会计报表,并据以进行合理经济决策的直接依据。

(8) 若没有注册会计师鉴证,会计报表的可信性及使用价值就会打折扣;但是,如果审计报告编写不当,也会削弱会计报表的效用。

(9) 审计报告必须根据独立审计准则的"审计报告准则"要求进行编制。

三、实训内容

实训一 重要性水平的最终评估

资料一 注册会计师在执行公司会计报表审计业务时,于计划阶段利用估计的资产(7 000 万元)的 0.8%、净资产(6 000 万元)的 1%、营业收入(8 000 万元)的 0.9%、净利润(900 万元)的 7%,确定了会计报表的重要性水平为 60 万元,并单独确定了会计报表各项目的重要性水平。

在完成阶段,经审计确认的资产总额为 7 500 万元,净资产为 6 500 万元,营业收入为 8 000 万元,净利润为 1 000 万元。经对重要性重新评估后,确认原来在计划阶段确定的会计报表各项目的重要性水平继续有效。假定在审计过程中除在以下项目中发现错报外,其他项目没有错报。对于在各项目中推断的错报,注册会计师均已经通过扩大实质性测试范围或追加审计程序等措施予以证实或加以排除。确认各项目的重要性水平及错报情况如表 2-51 所示。

表 2-51

确认各项目的重要性水平及错报情况　　　　单位:万元

项目	重要性水平	发现错报
货币资金	1	2,1
交易性金融资产	6	8,6,5
应收票据	8	2,3,2,1

(续表)

项目	重要性水平	发现错报
应收账款	10	3,11,2
存货	18	20,16,12
固定资产	12	9,18,10
长期股权投资	5	12,10,4,2

实训要求

（1）根据上述情况，指出注册会计师在计划阶段确定的会计报表层次重要性水平是否适当。

（2）假定继续采用计划阶段的各相关比例，请确定完成阶段会计报表层次的重要性水平。

（3）在账户余额、交易层的各个错报中，哪些应建议予以调整，并说明原因。

实训二 审计意见决策

资料一 注册会计师负责对公司2023年度财务报表进行审计，并确定财务报表层次的重要性水平为1 200 000元。公司2023年度财务报告于2024年3月15日获董事会批准，并于同日报送证券交易所。其他相关资料如下：

公司未经审计的2023年度会计报表部分项目的年末余额或本年发生额如表2-52所示。

表2-52

部分项目的年末余额或本年发生额

项目	金额（万元）
资产总额	42 000
股本	15 000
资本公积	8 000
盈余公积	2 000
未分配利润	1 800

(续表)

项目	金额(万元)
主营业务收入	36 000
利润总额	600
净利润	400

在公司审计过程中,注册会计师注意到以下事项。

(1) 公司会计政策规定,对应收款项采用账龄分析法计提坏账准备。确定的坏账准备计提比例分别为:账龄 1 年以内的(含 1 年,以下类推),按其余额的 15% 计提;账龄 1~2 年的,按其余额的 40% 计提;账龄 2~3 年的,按其余额的 60% 计提;账龄 3 年以上的,按其余额的 80% 计提。

公司 2023 年 12 月 31 日未经审计的预收账款账面余额为 23 445 000 元,明细情况如表 2-53 所示。

表 2-53

预收账款　　　　　　　　　　　　　　　　　　单位:元

项目	1 年以内	1~2 年	2~3 年	3 年以上
预收账款——a	30 150 000			
预收账款——b		2 100 000		
预收账款——c	600 000		25 000	
预收账款——d	9 500 000			
预收账款——e				70 000
合计	21 250 000	2 100 000	25 000	70 000

(2) 公司采用完工百分比法确认合同收入和合同费用,按累计实际发生的合同成本占合同预计总成本的比例确定合同完工程度。2023 年 1 月,公司作为建筑承包商与建设单位签订一项总金额为 40 000 000 元的固定造价合同,预计总成本为 36 000 000 元。2023 年度实际发生成本 25 200 000 元。2023 年年末,预计为完成该项合同尚需在 2024 年度发生成本 16 800 000 元,该合同的结果能够可靠估计,但公司在 2023 年度尚未确认与该项合同相关的主营业务收入和主营业务成本。

(3) 自 2023 年 1 月起,公司开始研发一项产品专利技术,董事会认为研发该项目具有可靠的技术和财务等资源的支持,并且一旦研发成功将显著降低公司的产品成本,因此予以批准。2023年11月30日,该项专利技术达到预定用途,结转研发支出,确认为无形资产。该无形资产的估计使用寿命为5年,净残值为0,并按直线法摊销。公司在研发过程中发生材料费30 000 000元、工资费用6 000 000元、其他相关费用4 000 000元,共40 000 000元,其中符合资本化条件的支出为18 000 000元。公司在2023年度做了如下会计处理:在发生研发支出时,借记"研发支出——费用化支出"科目22 000 000元、"研发支出——资本化支出"科目18 000 000元,贷记"原材料"科目30 000 000元、"应付职工薪酬"科目6 000 000元、"银行存款"科目4 000 000元;在结转研发支出——费用化支出时,借记"管理费用"科目22 000 000元,贷记"研发支出——费用化支出"科目22 000 000;在确认无形资产时,借记"无形资产"科目18 000 000元,贷记"研发支出——资本化支出"科目18 000 000元;在摊销该项无形资产时,借记"制造费用——专利技术"科目300 000元,贷记"累计摊销"科目300 000元。

(4) 2022年2月,公司与某广告代理公司签订广告代理合同,委托该广告代理公司承办产品广告业务,采用机场广告牌方式。广告代理合同约定:机场广告牌费用为14 400 000元。展示时间为2022年2月至2024年1月,共两年,若因故在展示期间中止广告,则代理方应退还中止广告期间所对应的广告费用。公司于2022年7月一次全额支付该项广告费用,并全额记入2022年度销售费用。注册会计师在审计公司2022年度财务报表时认为,应自2022年2月起的两年内平均分摊该项广告费用,提出借记"长期待摊费用"科目7 800 000元、贷记"销售费用"科目7 800 000元的审计调整建议。公司调整了2022年度财务报表,但未调整2023年度相关账户和财务报表。

(5) 公司于2023年8月取得了某外国上市公司18%的股权(不能实施控制,也无重大影响),投资成本为8 000 000元。在编制2023年12月31日资产负债表时,公司对该外国上市公司投资的账面价值按当日公允价值反映。2024年3月24日,该外国上市公司因所在地发生地震造成其股票市场价值与2023年12月31日相比下挫60%,从而导致公司对该上市公司的股权投资遭受重大损失。

(6) 2023年1月31日,公司开发建成一栋商住两用楼盘,该商住楼所在地不存在活跃的房地产交易市场,2023年年末未发生减值迹象。该商住楼的建造成本为30 000 000元,其中,一层商铺12 000 000元计划用于出租,其余楼层18 000 000元计划用于公司办公。2023年3月31日,公司就一层商铺与某超市签订经营租赁合同,租赁期为2023年3月31日至2025年3月30日,租赁费用总额为1 440 000元,自2023年4月起按月结算。该商住楼预计使用年限为30年,预计净残值率为原值的10%,按平均年限法计提折旧。公司于2023年1月31日做了增加"固定资产——商住楼"30 000 000元的会计处理;于2023年2月至12月计提了该商住楼折旧,做了借记"管理费用——折旧费"科目825 000元、贷记"累计折旧"科目825 000元的会计处理;于2023年4月至12月对该商住楼的租赁业务做了借记"银行存款"科目540 000元、贷记"营业收入——其他业务收入"科目540 000元的会计处理。

实训要求

(1) 如果不考虑审计重要性水平,针对事项(1)—事项(6),请分别回答注册会计师是否需要提出审计调整建议。若需提出审计调整建议,请直接列示审计调整分录(审计调整分录均不考虑对公司2023年度的税费、递延所得税资产和负债、期末结转损益及利润分配的影响,下同)。

(2) 如果考虑审计重要性水平,假定公司分别只存在6个事项中的1个事项,并且拒绝接受注册会计师针对事项(1)—事项(6)提出的审计调整建议(如果有),在不考虑其他条件的前提下,请指出注册会计师应当针对该6个独立存在的事项分别出具何种意见类型的审计报告。

资料二 注册会计师于2024年3月15日完成对公司2023年度会计报表的外勤审计工作。该公司未经审计的2023年度的资产负债表和利润及利润分配表各项目金额如下列试算平衡表工作底稿的"审计前金额"栏所列。注册会计师经审计发现该公司存在以下五种情况。

(1) 公司采用备抵法核算坏账,坏账准备按期末应收款项余额的6%计提。2023年年末未经审计的资产负债表反映的应收账款项目为借方余额21 000万元,其他应收款项目为借方余额1 692万元,应付账款项目为贷方余额8 080万元,预收账款项目为贷方余额1 350万元,坏账准备项目为贷方余额1 260万元。其中应付账款项目和预收账款项目的明细组成如表2-54所示。

表2-54

应付账款和预收账款明细表　　　　　　单位:万元

项目	金额
应付账款——A	6 000
应付账款——B	−1 500
应付账款——C	2 080
应付账款——D	1 000

(续表)

项目	金额
应付账款——E	500
合计	8 080
预收账款——F	2 100
预收账款——G	1 000
预收账款——H	−2 000
预收账款——I	190
预收账款——J	60
合计	1 350

(2) 2023年12月31日,公司清查盘点库存原材料,发现短缺300万元,作了借记"待处理财产损溢——待处理流动资产损溢"科目300万元、贷记"原材料"科目300万元的会计处理。经查清短缺原因,并报经批准,其中属于非常损失的部分为250万元、属于一般经营损失的部分为45万元、由于原材料仓库管理员张三过失而应由其赔款的部分为5万元。公司于2022年度的会计记录中对此作了相应的会计处理,冲销了2023年12月31日资产负债表中"待处理流动资产净损失"项目的金额300万元。

(3) 公司于2023年1月1日按面值购入3年期、年利率为3%、到期还本付息的国库券500万元,并按规定对该笔投资业务作了相应的会计处理,但至2023年12月31日对该笔投资该年度的收益未予以计提。

(4) 公司为K公司的银行借款100万元提供担保。2023年10月,K公司因经营严重亏损,进行破产清算,无力偿还已到期的该笔银行借款。贷款银行因此向法院起诉,要求公司承担连带偿还责任,支付借款本息120万元。2024年1月20日,法院终审判决贷款银行胜诉,由公司支付借款本息120万元,并于2024年1月28日执行完毕。公司在2023年度未对该诉讼案件作相应的会计处理。

(5) 2023年3月20日,公司董事会根据2023年年初未分配利润余额和2023年度审计后的净利润(公司的所得税税率为25%),审议通过如下分红派息预案:按2023年度审计后的净利润的10%和5%分别提取法定盈余公积和任意盈余公积;以2023年12月31日总股本20 000万股(每股面值1元)为基数,每10股送2股,派现金0.6元;剩余未分配利润存至下一年度;资本公积每10股转1股。

 **实训要求**

(1) 指出存在的问题,提出处理意见。

(2) 对于应当调整的事项,编制调整分录和账项调整分录汇总表、重分类调整分录汇总表、未更正错误汇总表(表 2-55、表 2-56、表 2-57)。

(3) 编制资产负债表和利润表的试算平衡表,编制调整后的资产负债表(不考虑重要性水平,假定编制审计调整分录时不考虑流转税、费及损益结转,但应考虑对所得税和净利润的影响)。

(4) 假定公司接受了 A 和 B 注册会计师提出的上述审计调整建议,请编制完成下列的试算平衡表工作底稿(表 2-58、表 2-59)。

(5) 与公司管理当局沟通,草拟管理层声明书。

(6) 如果被审计单位全部接受了注册会计师的调整或披露建议,注册会计师应出具什么类型的审计意见,请代注册会计师写出审计报告。

(7) 如果考虑重要性水平,公司同时存在上述 5 个事项,并且接受注册会计师对第(2)项、第(3)项、第(5)项这 3 个事项提出的相应处理建议,但拒绝接受对第(1)项和第(4)项两个事项提出的相应处理建议,注册会计师应发表何种审计意见,请代注册会计师拟写审计报告。

表 2-55

账项调整分录汇总表

被审计单位:＿＿＿＿＿＿＿＿＿＿＿＿ 索引号:＿＿＿＿＿＿＿＿＿＿＿＿

项目:＿＿＿＿＿＿＿＿＿＿＿＿＿＿ 报表截止日:＿＿＿＿＿＿＿＿＿＿

编制:＿＿＿＿＿＿＿＿＿＿＿＿＿＿ 复核:＿＿＿＿＿＿＿＿＿＿＿＿＿

日期:＿＿＿＿＿＿＿＿＿＿＿＿＿＿ 日期:＿＿＿＿＿＿＿＿＿＿＿＿＿

单位:元

序号	调整内容及项目	索引号	调整金额		影响利润表(+或-)	影响资产负债表(+或-)
			借方	贷方		

与被审计单位的沟通:

参加人员:

(续表)

被审计单位：_____

审计项目组：_____

被审计单位意见：

_____

_____

_____

_____

结论：

是否同意上述审计调整：_____

被审计单位授权代表签字：_____日期_____

表 2-56

重分类调整分录汇总表

被审计单位：_____　　　索引号：_____

项目：_____　　　报表截止日：_____

编制：_____　　　复核：_____

日期：_____　　　日期：_____

单位：元

序号	重分类内容及项目	调整金额	
		借方	贷方

与被审计单位的沟通：

参加人员：

被审计单位：_____

审计项目组：_____

被审计单位意见：

_____

（续表）

_____

_____

结论：

是否同意上述审计调整：_____

被审计单位授权代表签字：_____日期_____

表 2-57

未更正错误汇总表

被审计单位：_____ 索引号：_____

项目：_____ 报表截止日：_____

编制：_____ 复核：_____

日期：_____ 日期：_____

单位：元

序号	内容及说明	索引号	未调整内容				备注
			借方项目	借方金额	贷方项目	贷方金额	

未更正错报影响：

    项目   金额   百分比   计划百分比

  1. 总资产 _____

  2. 净资产 _____

  3. 销售收入 _____

  4. 费用总额 _____

  5. 毛利 _____

  6. 净利润 _____

被审单位授权代表签字：_____ 日期_____

结论：

_____

表 2-58

试算平衡表工作底稿
——公司 2023 年 12 月 31 日资产负债表

单位：万元

项目	审计前金额 借方	调整金额 借方	调整金额 贷方	审定金额 借方	重分类调整 借方	重分类调整 贷方	报表反映数 借方
流动资产：							
货币资金	8 600						
交易性金融资产							
衍生金融资产							
应收票据							
应收账款	19 740						
应收账款融资（新增）							
预付账款	1 030						
其他应收款	1 692						
存货	16 300						
合同资产							
持有待售资产							
一年内到期的非流动资产							
其他流动资产	300						
流动资产合计							
非流动资产：							
债权投资							
其他债权投资							
长期应收款							
长期股权投资	2 260						
其他权益工具投资							
其他非流动金融资产							
投资性房地产							

(续表)

项目	审计前金额 借方	调整金额 借方	调整金额 贷方	审定金额 借方	重分类调整 借方	重分类调整 贷方	报表反映数 借方
固定资产	34 460						
在建工程	11 500						
工程物资							
固定资产清理							
生产性生物资产							
油气资产							
使用权资产(新增)							
无形资产							
开发支出							
商誉							
长期待摊费用							
递延所得税资产							
其他非流动资产	420						
非流动资产合计							
资产总计	96 302						
流动负债：							
短期借款	26 000						
交易性金融负债							
衍生金融负债							
应付票据							
应付账款	8 080						
预收账款	1 350						
合同负债							
应付职工薪酬	480						
应交税费	1 400						
其他应付款	3 230						

(续表)

项目	审计前金额	调整金额		审定金额	重分类调整		报表反映数
	借方	借方	贷方	借方	借方	贷方	借方
持有待售负债							
一年内到期的非流动负债							
其他流动负债							
流动负债合计	40 540						
非流动负债：							
长期借款	11 400						
应付债券							
其中：优先股							
永续债							
租赁负债（新增）							
长期应付款							
预计负债							
递延收益							
递延所得税负债							
其他非流动负债							
非流动负债合计	11 400						
负债合计	51 940						
所有者权益（或股东权益）：							
实收资本（股本）	20 000						
其他权益工具							
其中：优先股							
永续债							
资本公积	11 870						
减：库存股							
其他综合收益							

(续表)

项目	审计前金额 借方	调整金额 借方	调整金额 贷方	审定金额 借方	重分类调整 借方	重分类调整 贷方	报表反映数 借方
专项储备(新增)							
盈余公积	5 400						
未分配利润	7 092						
所有者权益(或股东权益)合计	44 362						
负债和所有者权益(或股东权益)总计	96 302						

表 2-59

试算平衡表工作底稿

——公司 2023 年度利润及利润分配表

单位：万元

项目	审计前金额	调整金额 借方	调整金额 贷方	审定金额（报表反映数）
一、营业收入	52 566			
减：营业成本	39 501			
税金及附加	773			
销售费用	2 400			
管理费用	4 155			
研发费用				
财务费用	1 532			
加：其他收益				
投资收益	232			
公允价值变动收益				
信用减值损失				
资产减值损失	150			
资产处置收益				
以摊余成本计量的金融资产终止确认收益(新增)				

(续表)

项目	审计前金额	调整金额		审定金额（报表反映数）
		借方	贷方	
二、营业利润	4 287			
加：营业外收入	183			
减：营业外支出	48			
三、利润总额	4 422			
减：所得税费用	1 380			
四、净利润	3 042			
（一）持续经营净利润				
（二）终止经营净利润				
五、其他综合收益的税后净额				
六、综合收益总额				
七、每股收益				
（一）基本每股收益				
（二）稀释每股收益				
加：年初未分配利润	4 050			
盈余公积转入				
八、可供分配的利润	7 092			
减：提取法定盈余公积金				
提取法定公益金				
九、可供股东分配的利润	7 092			
减：应付优先股股利				
提取任意盈余公积				
应付普通股股利				
转作股本的普通股股利				
十、未分配利润	7 092			

实训三 审计报告

资料一 注册会计师对公司2023年度财务报表进行审计,2024年2月5日外勤审计工作截止,2月12日要求被审计单位调整或披露有关事项,2月16日被审计单位做出调整或披露,并正式签署财务报表,并准备于2月27日召开董事会讨论财务报表,批准对外报出。2月17日注册会计师出具了审计报告,但是2月19日注册会计师获悉公司业务纠纷诉讼结案,故于2月20日又对该事项进行了补充审计,完成最终审计工作。注册会计师重新出具了审计报告,但在审查公司2023年度的财务报表后认为下列事项可能影响审计报告:

(1) 公司2022年、2023年连续出现巨额营业亏损,但注册会计师认为被审计单位编制财务报表所依据的持续经营假设是合理的,并且公司也已经在报表中适当披露了该事项。

(2) 公司2023年12月31日的存货余额为900万元,其中有80万元存放在美国,无法实施监盘,并且无法实施其他替代审计程序(存货的重要性水平为50万元)。

公司财务报表的其他项目均按企业会计准则和企业会计制度的规定在所有重大方面公允反映了该公司的财务状况、经营成果和现金流量。注册会计师据此出具了以下审计报告。

审 计 报 告

我们审计了后附的公司2023年度的资产负债表、利润表和现金流量表。这些财务报表由公司管理当局负责,我们的责任是按照独立审计准则的要求出具审计报告,并对审计报告的真实性、合法性负责。

我们按照中国注册会计师独立审计准则计划和实施审计工作,以合理确信财务报表是否不存在重大错报。审计工作包括在抽查的基础上检查财务报表金额和披露的证据,评价管理当局在编制财务报表时所采用的会计政策和做出的重大会计估计,以及评价财务报表的整体反映。

公司2022年、2023年连续出现巨额营业亏损。2023年12月31日存货余额中的80万元,无法实施监盘,且无法实施其他替代审计程序,以获取充分和适当的审计证据。

我们认为,除了上述可能产生的影响,上述财务报表符合国家颁布的企业会计准则,在所有重大方面公允地反映了公司2023年12月31日的财务状况及2023年度的经济成果和现金流量。

  HER 会计师事务所(公章)   中国注册会计师：(签名并盖章)

    （中国·北京）   2024 年 2 月 5 日

 实训要求

（1）检查审计报告内容的正确性。

（2）列示更正的内容或补充的内容。

审计实训总结报告

(一) 实训总结的内容

(1) 基本情况。包括学生基本信息、实训的起止日期、指导教师等。

(2) 实训状况介绍。包括实训地点、实训方式、本小组主要成员及分工等情况。

(3) 实训工作内容。包括自己所承担的主要工作,完成方法、途径和过程。

(4) 实训成果。实训期间所取得的成果,包括实训期间发现的问题和引起的思考、建议。

(5) 实训的心得体会。

(二) 实训总结的格式

(1) 纸型:A4 纸。

(2) 标题:三号字、黑体。

(3) 正文:小四号字、宋体、文字单倍行距。

(4) 一级标题:独占行,4 号黑粗体字,段前段后各占 0.5 行(3 磅),序号为"一、",标题文字后不加标点符号。

(5) 页边距:上边距 2.5 厘米,下边距 2 厘米,左边距 2.5 厘米,右边距 2 厘米。

(三) 实训总结基本要求

(1) 内容丰富,情况真实,资料准确,数据可靠。

(2) 结构合理,层次分明,重点突出,逻辑性强。

(3) 实训总结必须真实反映实训过程的实际情况,严禁杜撰或抄袭现成资料。

(4) 实训总结的主要内容必须是自己真实感受的相关内容。

课后笔记

参考格式范例

附录一

管理层声明书

参考格式

××会计师事务所并××注册会计师：

本公司已委托贵所对本公司20××年××月××日的资产负债表，20××年度的利润表、股东权益变动表和现金流量表及财务报表附注进行审计，并出具审计报告书。为了配合贵所的审计工作，本公司就已知的全部事项作出如下声明：

1. 本公司承诺，按照《企业会计准则》和《××企业会计制度》的规定编制财务报表是我们的责任。

2. 本公司已按照《企业会计准则》和《××企业会计制度》的规定编制20××年度财务报表，财务报表的编制基础与上年保持一致，本公司管理层对上述财务报表的真实性、合法性和完整性承担责任。

3. 设计、实施和维护内部控制，保证本公司资产安全和完整，防止或发现并纠正错报，是本公司管理层的责任。

4. 本公司承诺财务报表符合适用的会计准则和相关会计制度的规定，公允反映本公司的财务状况、经营成果和现金流量情况，不存在重大错报，包括漏报。贵事务所在审计过程中发现的未更正错报，无论是单独还是汇总起来，对财务报表整体均不具有重大影响。未更正错报汇总(见附件)附后。

5. 本公司已向贵事务所提供了：

（1）全部财务信息和其他数据；

（2）全部重要的决议、合同、章程、纳税申报表等相关资料；

（3）全部股东会和董事会的会议记录。

6. 本公司所有经济业务均已按规定入账，不存在账外资产和未计负债。

7. 本公司认为所有与公允价值计量相关的重大假设是合理的，恰当地反映了本公司的意图和采取特定措施的能力;用于确定公允价值的计量方法符合《企业会计准则》的规定,并在使用上保持了一贯性;本公司已在财务报表中对上述事项作出恰当披露。

8. 本公司不存在导致重述比较数据的任何事项。

9. 本公司已提供所有与关联方交易相关的资料,并已根据《企业会计准则》和《××企业会计制度》的规定识别和披露了所有重大关联方交易。

10. 本公司已提供所有或有事项的相关资料。除财务报表附注中披露的或有事项外,本公司不存在其他应披露而未披露的诉讼、赔偿、承兑、担保等或有事项。

11. 除财务报表附注披露的承诺事项外,本公司不存在其他应披露而未披露的承诺事项。

12. 本公司不存在未披露的影响财务报表公允性的重大不确定事项。

13. 本公司已采取必要措施以防止或发现舞弊及其他违反法规行为,未发现:

(1) 涉及管理层的任何舞弊行为或舞弊嫌疑的信息;

(2) 涉及对内部控制产生重大影响的雇员的任何舞弊行为或舞弊嫌疑的信息;

(3) 涉及对财务报表的编制具有重大影响的其他人员的任何舞弊行为或舞弊嫌疑的信息。

14. 本公司严格遵守了合同规定的条款,不存在因未履行合同而对财务报表产生重大影响的事项。

15. 本公司对资产负债表上列示的所有资产均拥有合法权利,除已披露事项外,无其他被抵押、质押资产。

16. 本公司编制财务报表所依据的持续经营假设是合理的,没有计划终止经营或破产清算。

17. 本公司已提供全部资产负债表日后事项的相关资料,除财务报表附注中披露的资产负债表日后事项外,本公司不存在其他应披露而未披露的重大资产负债表日后事项。

18. 本公司管理层确信:

(1) 未收到监管机构有关调整或修改财务报表的通知;

(2) 无税务纠纷。

19. 其他事项

(1) 本公司在银行的存款及现金性资金的运用未受到任何限制;

(2) 本公司对存货均已按照《××企业会计制度》的规定予以确认和计量;受托

代销商品或不属于本公司的存货均未包括在会计记录内;在途物资或代理商保管的货物均已确认为本公司存货;

(3) 本公司不存在未披露的大股东及关联方占用本公司资金,或为其担保事项。

委托单位(盖章):

法人代表(签章):

财务负责人(签章):

20××年×月×日

附录二

审 计 报 告

参考格式一　无保留意见审计报告

ABC 股份有限公司全体股东:

一、对财务报表出具的审计报告

(一) 审计意见

我们审计了 ABC 股份有限公司(以下简称"ABC 公司")财务报表,包括 20×1 年 12 月 31 日的资产负债表,20×1 年度的利润表、现金流量表、股东权益变动表及相关财务报表附注。

我们认为,后附的财务报表在所有重大方面按照企业会计准则的规定编制,公允反映了 ABC 公司 20×1 年 12 月 31 日的财务状况,以及 20×1 年度的经营成果和现金流量。

(二) 形成审计意见的基础

我们按照中国注册会计师审计准则的规定执行了审计工作。审计报告的"注册会计师对财务报表审计的责任"部分进一步阐述了我们在这些准则下的责任。按照中国注册会计师职业道德守则,我们独立于 ABC 公司,并履行了职业道德方面的其他责任。我们相信,我们获取的审计证据是充分、适当的,为发表审计意见提供了基础。

(三) 关键审计事项

关键审计事项是根据我们的职业判断，认为对本期财务报表审计最为重要的事项。这些事项是在对财务报表整体进行审计并形成意见的背景下进行处理的，我们不对这些事项提供单独的意见。

[按照《中国注册会计师审计准则第1504号——在审计报告中沟通关键审计事项》的规定描述每一关键审计事项。]

(四) 管理层和治理层对财务报表的责任

管理层负责按照企业会计准则的规定编制财务报表，使其实现公允反映，并设计、执行和维护必要的内部控制，以使财务报表不存在由于舞弊或错误导致的重大错报。

在编制财务报表时，管理层负责评估ABC公司的持续经营能力，披露与持续经营相关的事项（如适用），并运用持续经营假设，除非计划清算ABC公司、停止营运或别无其他现实的选择。

治理层负责监督ABC公司的财务报告过程。

(五) 注册会计师对财务报表审计的责任

二、按照相关法律法规的要求报告的事项

[本部分的格式和内容取决于法律法规对其他报告责任的性质的规定。法律法规规范的事项（其他报告责任）应当在本部分处理，除非其他报告责任与审计准则所要求的报告责任涉及相同的主题。如果涉及相同的主题，其他报告责任可以在审计准则所要求的同一报告要素部分中列示。]

[当其他报告责任和审计准则规定的报告责任涉及同一主题，并且审计报告中的措辞能够将其他报告责任与审计准则规定的责任予以清楚地区分（如差异存在）时，允许将两者合并列示（即包含在"对财务报表出具的审计报告"部分中，并使用适当的副标题）。]

××会计师事务所	中国注册会计师：×××（项目合伙人）
（盖章）	（签名并盖章）
	中国注册会计师：×××
	（签名并盖章）
中国××市	二○×二年×月×日

参考格式二 保留意见审计报告

(一) 保留审计意见

我们审计了 ABC 股份有限公司(以下简称"ABC 公司")财务报表,包括 20×1 年 12 月 31 日的资产负债表,20×1 年度的利润表、现金流量表、股东权益变动表及相关财务报表附注。

我们认为,除"形成保留意见的基础"部分所述事项产生的影响外,后附的财务报表在所有重大方面按照企业会计准则的规定编制,公允反映了 ABC 公司 20×1 年 12 月 31 日的财务状况,以及 20×1 年度的经营成果和现金流量。

(二) 形成保留意见的基础

ABC 公司 20×1 年 12 月 31 日资产负债表中存货的列示金额为×元。管理层根据成本对存货进行计量,而没有根据成本与可变现净值孰低的原则进行计量,这不符合企业会计准则的规定。ABC 公司的会计记录显示,如果管理层以成本与可变现净值孰低的原则来计量存货,存货列示金额将减少×元。相应地,资产减值损失将增加×元,所得税、净利润和股东权益将分别减少×元、×元和×元。

我们按照中国注册会计师审计准则的规定执行了审计工作。审计报告的"注册会计师对财务报表审计的责任"部分进一步阐述了我们在这些准则下的责任。按照中国注册会计师职业道德守则,我们独立于 ABC 公司,并履行了职业道德方面的其他责任。我们相信,我们获取的审计证据是充分、适当的,为发表保留意见提供了基础。

参考格式三 否定意见审计报告

(一) 否定审计意见

我们审计了 ABC 股份有限公司(以下简称"ABC 公司")财务报表,包括 20×1 年 12 月 31 日的资产负债表,20×1 年度的利润表、现金流量表、股东权益变动表及相关财务报表附注。

我们认为,由于"形成否定意见的基础"部分所述事项的重要性,后附的财务报表没有在所有重大方面按照企业会计准则的规定编制,未能公允反映 ABC 公司 20×1 年 12 月 31 日的财务状况,以及 20×1 年度的经营成果和现金流量。

(二) 形成否定意见的基础

如财务报表附注×所述,20×1年ABC公司通过非同一控制下的企业合并获得对XYZ公司的控制权,因未能取得购买日XYZ公司某些重要资产和负债的公允价值,故未将XYZ公司纳入合并财务报表的范围,而是按成本法核算对XYZ公司的股权投资。ABC公司的这项会计处理不符合企业会计准则的规定。如果将XYZ公司纳入合并财务报表的范围,ABC公司合并财务报表的多个报表项目将受到重大影响。但我们无法确定未将XYZ公司纳入合并范围对财务报表产生的影响。

我们按照中国注册会计师审计准则的规定执行了审计工作。审计报告的"注册会计师对财务报表审计的责任"部分进一步阐述了我们在这些准则下的责任。按照中国注册会计师职业道德守则,我们独立于ABC公司,并履行了职业道德方面的其他责任。我们相信,我们获取的审计证据是充分、适当的,为发表否定意见提供了基础。

参考格式四 无法表示意见审计报告

(一) 无法表示审计意见

我们接受委托,审计ABC股份有限公司(以下简称"ABC公司")财务报表,包括20×1年12月31日的资产负债表,20×1年度的利润表、现金流量表、股东权益变动表及相关财务报表附注。

我们不对后附的ABC公司财务报表发表审计意见。由于"形成无法表示意见的基础"部分所述事项的重要性,我们无法获取充分、适当的审计证据以作为财务报表发表审计意见的基础。

(二) 形成无法表示意见的基础

我们于20×2年1月接受ABC公司的审计委托,因而未能对ABC公司20×1年年初金额为×元的存货和年末金额为×元的存货实施监盘程序。此外,我们也无法实施替代审计程序以获取充分、适当的审计证据。并且,ABC公司于20×1年9月采用新的应收账款电算化系统,由于系统存在缺陷导致应收账款出现大量错误。截至报告日,管理层仍在纠正系统缺陷并更正错误,我们也无法实施替代审计程序,以对截至20×1年12月31日的应收账款总额×元获取充分、适当的审计证据。因此,我们无法确定是否有必要对存货、应收账款及财务报表其他项目作出调整,也无法确定应调整的金额。

(三) 管理层和治理层对财务报表的责任(略)

(四) 注册会计师对财务报表审计的责任

我们的责任是按照中国注册会计师审计准则的规定,对ABC公司的财务报表执行审计工作,以出具审计报告。但由于"形成无法表示意见的基础"部分所述的事项,我们无法获取充分、适当的审计证据以作为发表审计意见的基础。

按照中国注册会计师职业道德守则,我们独立于ABC公司,并履行了职业道德方面的其他责任。

第三单元

融合思政元素案例分析

新时代的大学教育要贯彻党的教育方针和立德树人宗旨,围绕新时代背景下思政工作的要求,发挥审计特色,讲好"审计故事",弘扬审计文化,以审计人物激励人,以审计精神鼓舞人,推动思想政治工作更具时代感和实效性。为此,本书在审计实训中增设了融合思政元素的案例分析,以激发学生参与课程思政的内生动力,推动会计专业学生深度参与课程思政工作,努力培养既具备过硬专业能力和职业素养、又具有担当精神和社会责任意识的合格审计人才。

一、思政元素

学生以小组为单位查阅相关文献,搜集和整理相关案例。案例要蕴含思政元素,体现社会责任意识的思政价值,实现专业知识与课程思政的有机融合,达到审计实训课程的思政目标。

本书通过精选案例,深入挖掘并强调其中的思政元素,如诚信、独立、客观、公正、守法、坚持准则等精神和意识,以加深学生对这些重要原则的认识和理解,帮助学生树立正确的世界观、人生观和价值观,将社会主义核心价值观融入审计实训,使审计实训与思想政治理论同向同行,形成协同效应。

二、案例介绍与分析

通过小组讨论、问题导向、情景再现等方式提高学生学习的主动性,增强审计实训的趣味性和互动性。

(1)案例介绍。学生介绍国内外著名的审计案例,介绍时应侧重对案例的感受和感悟,从而培养自身的审计职业道德。

(2)以问题为导向。教师可通过"你了解知悉哪些重大审计案例""假如没有审计会造成哪些后果"等问题引导学生进行讨论和思考,从而培养其对审计的兴趣,推动其关注审计职业的发展。

(3) 小组讨论。各小组根据案例资料进行讨论,提炼思政元素,宣讲审计故事,总结收获或启示。

三、汇报形式

以小组为单位制作PPT,讲好审计故事。通过组内分享、质疑与反思、组间分享、互评等方式进行汇报,培养学生动态解决问题的能力,并进一步加深其对思政元素的理解和反思。

四、案例讲述基本要求

(1) 案例具有代表性和影响力,代入感强,易产生共鸣,能够体现当前社会的热点问题。

(2) 案例讲述时应尽可能做到重点突出、条理清晰、表达准确、生动形象、情节完整。

(3) 案例内容讲述要有情感、有深度、有广度、有温度,易产生协同效应。

五、案例资料

获取案例资料的方式有两种:一种方式是自行搜索,另一种方式是选取本书给出的典型案例。

(一) 案例资料搜索

学生可通过以下方式选择或寻找案例研究的线索。

(1) 跟踪连续亏损、但在最近一年扭亏为盈的上市公司。

(2) 跟踪被出具非标准审计报告的上市公司。

(3) 跟踪最近三年审计报告意见类型变脸的上市公司。

(4) 跟踪最近三年财务报表不断打补丁的上市公司。

(5) 跟踪证监会或其他职能部门正在立案调查或最近一年处罚的上市公司。

(6) 跟踪最近一年分析人士或有关人员对报表有质疑的上市公司。

(7) 跟踪最近一年重组兼并的公司。

(8) 跟踪最近一年频繁有重大资产交易的公司。

(9) 跟踪热点事件(报纸杂志、日常生活、政治经济活动中)。

(二) 案例资料选取

案例一 瑞幸财务造假案

自2017年10月瑞幸咖啡第一家门店开业,至2019年5月17日在纳斯达克上市,瑞幸咖啡成立不到两年就成功上市,刷新了中国创业公司最快上市的记录。瑞幸咖啡通过充分利用移动互联网和大数据技术的新零售模式,致力于为客户提供高品质、高性价比、高便利性的产品。2020年1月,公司直营门店数量达到4 507家,成为中国最大的咖啡连锁品牌。瑞幸咖啡先后进行过多轮融资,借助强大的资本助力,推动公司迅速发展壮大。2018年7月,瑞幸咖啡完成2亿美元A轮融资,投后估值10亿美元;2018年12月完成2亿美元B轮融资,投后估值22亿美元;2019年4月获得1.5亿美元新投资,投后估值29亿美元。2019年5月,瑞幸咖啡首次公开募股发行3 300万股美国存托凭证(ADS),每股定价17美元,募资5.61亿美元,公司市值达42亿美元。2020年1月,瑞幸咖啡再次通过增发900万股美国存托凭证(ADR),募集资金3.96亿美元,限售股东共卖出480万股美国存托凭证(ADR),公司同时发行了4亿美元的可转债。

2020年4月2日,瑞幸咖啡发布公告称,已经成立特别委员会进行内部调查。其自爆的初步调查报告显示,2019年第二季度至第四季度期间的销售额虚增了22亿人民币,相关的费用和支出也相应虚增。瑞幸咖啡首席运营官(COO)兼董事刘剑及其下属数名雇员从事了某些不当行为,如捏造交易等。受此影响,瑞幸股价跌幅超80%,市值蒸发近50亿美元。

2019年前三季度,瑞幸咖啡主营业务收入为29.29亿人民币,而爆出的2019年全年22亿人民币的造假规模已经逼近前三季度总营收规模。最终,瑞幸咖啡被纳斯达克勒令退市,同时收到美国证券交易委员会(SEC)的天价监管罚单。此外,投资者包括二级市场的股东集体起诉瑞幸,相关责任人也接受刑事调查。

案例二 安然舞弊案例

1985年7月成立的安然公司(以下简称安然),以中小型地区能源供应商起家,总部设在休斯敦,曾被认为是新经济时代传统产业发展的典范。安然做着实在的生意,有良好的创新机制,到破产前,其资产膨胀速度如滚雪球一般,公司的营运业务覆盖全球40个国家和地区,共有雇员2.1万人,资产额高达620亿美元,年总收入达1 000亿美元,其下属公司(包括合作项目)更是达到3 000多个。

安然主要营销电力和天然气。1990年,安然收入的80%来自天然气传输服务业。壮大后的安然不满足于传统的经营方式,开始把目光投向能源证券。安然管理层认为,为任何一个大宗商品创造衍生证券市场都是可能的,安然公司不断开发能源商品的期货、期权和其他金融衍生工具,把本来不流动或流动性很差的资产"盘活",在能源证券交易中获得垄断地位。至20世纪90年代末,安然已从一家实体性的生产企业摇身一变,成为一家类似于对冲基金的华尔街式的公司;另外安然通过运用巧妙的会计手段,创造了一套十分复杂的财务结构用于资本运作。90年代末期至2001年夏天,安然在金融运作上获得极大成功。1995年,安然公司被经济界权威杂志《财富》评为"最富创新能力的公司",连续6年都排在微软、英特尔之前,其最主要的"成就"就是对金融工具的创新运用。由于其"出色表现",安然公司的管理人员被业界认为是资本运营的高手。

可是,安然的成功毕竟是个泡沫,这个泡沫导致安然的股价从2000年的每股90美元跌至不到1美元,安然最终于2001年12月2日申请破产保护,安然破产案成为美国历史上最大的破产案。安然破产不仅使数百万持股人损失惨重,而且造成该公司大批员工投资在本公司股票上的退休金血本无归。消息传出后,立刻引发美国金融与商品交易市场的巨大动荡,负责对安然财务报表进行审计的安达信会计师事务所也成为传媒焦点。

案例三　施乐舞弊案例

美国施乐(Xerox)公司(以下简称施乐)是一家历史悠久的以经营办公设备为主的跨国企业。施乐公司自1906年起一直以稳健增长的蓝筹股形象示人。几十年来,施乐创造了一个又一个神话,头上围绕着诸多光环,如"复印机之王""全美最信赖的50家企业之一"。但90年代后,施乐技术开始落后,最终在美国被挤下了第一把交椅,失去了1/3的市场。2000年,由于佳能的竞争,施乐股价跌至7美元以下,至2001年,施乐股价一跌再跌,企业进入严重亏损状态,资产大幅缩水。2002年4月,美国证券交易委员会(SEC)对其近年来的收入报表提出质疑,指控该公司有做假账嫌疑,并处以1 000万美元罚款,同时要求该公司重新进行审计,彻底清查账目。同年6月8日,施乐提交了1997年至2001年的重述年度财务报表,承认在此期间虚计收入64亿美元、税前利润14亿美元。施乐的会计欺诈案随即曝光,并在资本市场上激起轩然大波,成为财经界的热点问题。

案例四　世界通信舞弊案例

2002年6月25日傍晚,美国第二大长途电信营运商世界通信公司(以下简称世界通信)新任首席执行官向新闻媒体发布了一则震惊世界的消息:内部审计发现,2001年度及2002年第一季度,世界通信公司通过将支付给其他电信公司的线路和网络费用确认为资本性支出,在五个季度内低估期间费用、虚增利润38.52亿美元。世界通信的股票交易被纳斯达克紧急停牌两天。复牌的第一个交易日,世界通信的股价跌至0.06美元。7月21日,世界通信向美国破产法院纽约南区法院申请破产保护,申报的资产总额高达1070亿美元。世界通信不仅创下利润造假的世界纪录,还成为美国有史以来最大的破产案。

世界通信利用会计造假虚构的利润创下世界纪录,而具有讽刺意义的是,世界通信的财务舞弊既不是由人才济济、经费充裕的美国证券交易监督委员会(SEC)发现的,也不是由经验丰富、技术精湛的安达信会计师事务所发现的,更不是由薪酬丰厚、权重位高的董事会发现的,而是被世界通信一些牢骚满腹的高管人员称作"不自量力、多管闲事"的三个内部审计人员发现的。

案例五 琼民源舞弊案例

琼民源全名为"海南民源现代农业发展股份有限公司",证券简称琼民源A(0508)。1993年4月30日,琼民源A股在深圳上市。琼民源上市之前是探索农村经济发展、农业科技开发新路的海南省首批五家规范化股份制企业之一。据琼民源上市公告书中披露,1990—1992年,公司经营业绩良好。

1993年上市之初,琼民源每股收益达0.68元,净资产收益率为35%。但1994年公司开始走下坡路,经营业绩不佳,每股收益降至0.17元,1995年每股收益不足1厘,公司已至亏损边缘,其股票无人问津。1996年年初,股市熊态未尽,一片低迷,然而在此极度悲观时,峰回路转。同年4月份,股市转暖,恰在此时价值发现的热潮兴起,琼民源被有关人士处心积虑地挖掘出来,冠以"扭亏概念股""农业概念股""房地产概念股""高科技概念股""高速成长概念股"等诸多耀眼光环。自此一年内,琼民源作为股市明星在股价上一路飙升,可谓星途璀璨。自1996年7月1日起,琼民源的股价以4.45元起步,在4个月内蹿升至20元,翻了数倍。琼民源从垃圾股一跃成为众人追捧的绩优股,甚至成为深发展的领头羊。经过一番精心包装之后,1997年1月22日,琼民源公司率先公布1996年年报,年报显示每股收益0.867元,净利润比去年同比增长1290.68倍,分红方案为每10股转送9.8股。年报一经公布,市场震惊,股市波动,琼民源股价创出26.18元的历史最高值。

1996年年报显示,琼民源利润总额为5.71亿元,而主营业务收入仅为1677万元,利润为39.1万元,其他业务利润和营业外收入则分别为4.41亿元和1.01亿元。利润构成明显与报告声称的"公司主营业务包括房地产开发、移动通信、农业开发三方面"有悖,且如此高额利润收入未列明出处。面对相关传言与疑问,琼民源于1997年2月1日登出《补充公告》,声明年报的正确性。对琼民源年报进行审计的海南中华会计师事务所也公开站出来,表示报表的真实性。然而,纸终究是包不住火的,所有的解释都随着 1997 年 2 月 28 日琼民源停牌的事实成为泡沫。1997 年 3 月,琼民源公司全部董事在讨论琼民源利润分配的股东大会上集体辞职,这导致琼民源无人申请复牌。为此,国务院证券委员会会同审计署、中国人民银行、中国证监会组成联合调查组,对琼民源公布的公司业绩进行了调查。

案例六 银广夏舞弊案例

银广夏公司全称为广夏(银川)实业股份有限公司(以下简称银广夏),证券简称为 ST 银广夏(000557)。1994 年 6 月上市的银广夏公司曾因其骄人的业绩和诱人的前景被称为"中国第一蓝筹股"。2001 年 8 月,《财经》杂志发表封面文章《银广夏陷阱》,揭露了银广夏财务舞弊的行为,引起了各方面的关注,银广夏也因此成为中国大陆上市公司财务舞弊的代名词。

银广夏对外宣称,其利润绝大部分来自其子公司天津广夏对德国诚信贸易公司出口二氧化碳超临界萃取技术的产品,其毛利率约为 10 倍。专家对天津广夏出口德国诚信贸易公司的意见为"不可能的产量、不可能的价格、不可能的产品"。以天津广夏萃取设备的产能,即使通宵达旦运作,也生产不出银广夏所宣称的数量;天津广夏萃取产品的出口价格高到近乎荒谬;其对德出口合同中的某些产品,根本不能用二氧化碳超临界萃取设备提取。最后决定性的证据来自天津海关,天津海关的统计数据显示,天津广夏所宣称的产品根本没有出口记录,天津广夏的所有经营业绩是虚构的。

案例七 科龙电器舞弊案例

2006 年 7 月 16 日,中国证监会对广东科龙电器股份有限公司(以下简称科龙电器)及其责任人的证券违法违规行为做出行政处罚与市场永久性禁入决定。这是新《证券市场禁入规定》自 2006 年 7 月 10 日施行以来,证监会做出的第一个市场禁入处罚。

事实证明,在格林柯尔集团创办人顾雏军收购科龙电器后,公司的经营状况并无明显改善,净利润的大起大落属于人为调控,其扭亏神话原来靠的是做假账。科龙电器公布的年报显示,科龙电器 2000 年全年巨亏达 8.3 亿元,2001 年亏损更是达到 14.76 亿元,而 2002 年居然实现净利 1 亿元。如此巨大的反差下隐藏的是并不少见的利润大清洗的财务手段,即 2002 年的扭亏背后的巨大"贡献"来自 2001 年的巨亏。

案例八 锦州港会计造假案例

锦州港股份有限公司(以下简称锦州港)是由位居福布斯排行榜前列的中国富豪张宏伟掌控的一家主营港口业务的上市公司。

财政部于2001年9—12月对锦州港2001年度及以前年度执行《中华人民共和国会计法》的情况进行核查时发现：锦州港在2000年度及以前年度多确认收入36 717万元；公司还将应计入财务费用的利息支出予以资本化，少计财务费用4 945万元；同时，由于工程完工转入固定资产不及时，折旧计提起始月份不准确，以及港口设施、设备资产分类不恰当等，公司2000年度少计提折旧780万元，相应少计主营业务成本等780万元。此外，锦州港对在建工程确认不准确，1998—2000年多列资产11 939万元。实际虚增资产约43 803万元。财政部对锦州港下达了行政处罚决定，要求其对不符合《中华人民共和国会计法》和《企业会计准则》的行为限期整改，予以纠正，同时处以罚款10万元。2002年10月28日，锦州港披露了对2000年度及以前年度会计报告进行追溯调整的公告和对2002年第三季度报告进行更正的公告。该次账务调整主要是针对财政部文件中指出的问题，对2000年度及以前年度虚增的收入、资产及其他会计差错予以纠正，调整所涉及的数据均以财政部查处文件认定的数据为准。

2003年2月11日，锦州港在前次初步整改的基础上，再次对以前年度会计核算情况进行彻底清理整改：调减1998—2000年虚增收入约985万元；调减虚列账面货币资金约3 858万元；调减虚列在建工程约814万元；调整1997年度及以前年度应计入费用或损失却计入其他应收款的款项约2 348万元；调整以虚增货币资金冲减的其他应收款约3 687万元。这些调整使公司净资产减少约8 846万元，公司净资产减少至9.5亿元，每股净资产降至1.01元。

2003年4月8日，锦州港发布风险提示公告：公司在听取为公司审计的毕马威华振会计师事务所通报审计进展情况时获悉，毕马威华振会计师事务所拟对公司2002年度财务报表作较大调整，虽然尚有待于对未决事项进一步确认，但初步调整意见可能会将公司2002年度净利润调至微利甚至亏损，股东权益合计低于公司注册资本。

2003年4月23日，鉴于2002年调整后的股东权益低于公司注册资本，即每股净资产低于股票面值，中国证监会根据上海证券交易所股票上市规则中"特别处理"的有关规定，对锦州港股票实行特别处理。

案例九 康得新货币资金之谜

康得新复合材料集团股份有限公司(以下简称康得新)成立于2001年8月，是一家高分子材料科技企业。20年来,康得新作为行业龙头,走在行业前沿,填补了国内预涂膜和光学膜两大产业的多项国内空白,成功实现了产品进口替代,成为领先的国内高分子膜材料技术和产业平台。

2019年4月30日,康得新发布的2018年年报显示,公司账面货币资金153.16亿元,其中122.1亿元存放于北京银行西单支行。但2019年1月15日,康得新因无法偿付债券"18康得新SCP001"到期的本息共10.41亿元而被判为实质性违约。153.16亿元的资金偿还不了10余亿元的债务,这使公司股价连续4个交易日下跌14%。各方纷纷质疑上百亿元货币现金为何消失。

案例十 獐子岛扇贝的闹剧

獐子岛集团股份有限公司(以下简称獐子岛)成立于1958年,以水产增养殖为主。獐子岛自2006年上市后的5年内,业绩数据螺旋式上升,股价曾经一度达到151元,在当时甚至力压茅台,一度有"南茅北獐"的说法。但这样的庞然大物最后却落入法网,以对4名主要责任人采取5年至终身市场禁入处罚,并对獐子岛公司给予警告和处以60万元罚款的结局而收尾。

2014年10月,獐子岛突发公告,声称2011年与2012年年底的冷水团异动导致渤海海域扇贝近乎绝收。公司因此巨亏8.12亿元,上演了"扇贝跑路"1.0版。在这次事件后,公司一度"披星戴帽",连亏两年,差点退市,直至2016年勉强扭亏保壳。2018年1月,獐子岛突发公告,称2017年降水减少,导致饵料短缺,且由于海水温度异常,大量扇贝饿死。公司2017年业绩变脸,巨亏7.23亿,上演了"扇贝饿死"2.0版。2018年"扇贝饿死"的再次出现引起了审计人员的高度重视。这一次证监会做足了准备,缜密调查了17个月,运用数据采集分析等方法,最终确定獐子岛财务造假等一系列罪责,使这持续了6年的大戏落下帷幕。

主要参考文献

[1] 马春静.审计模拟实训教程[M].4版.北京:中国人民大学出版社,2021.

[2] 吴志勇,于新颖.新编审计实务[M].北京:北京大学出版社,2010.

[3] 俞校明.审计实务[M].北京:清华大学出版社,2009.

[4] 汪振刚,陈世文.审计实训与典型案例分析[M].广州:华南理工大学出版社,2010.

[5] 滕萌.审计实务[M].北京:清华大学出版社,2010.

[6] 袁小勇,王健琪.审计实训教程[M].北京:经济科学出版社,2012.

[7] 李晓慧.审计案例与实训[M].北京:中国人民大学出版社,2017.

[8] 李凌,徐爱菲.审计案例分析[M].北京:中国财政经济出版社,2018.

[9] 刘静.审计案例与模拟实验[M].北京:经济科学出版社,2019.

[10] 张丽,黄秋菊.审计实训教程[M].4版.大连:东北财经大学出版社,2023.